教育部人文社会科学研究青年基金项目（15YJC820088）
北京林业大学一流学科建设项目

刑事电子数据证据的收集与运用

庄乾龙 著

中国人民公安大学出版社
·北 京·

图书在版编目（CIP）数据

刑事电子数据证据的收集与运用 / 庄乾龙著 . —北京：中国人民公安大学出版社，2022. 3

ISBN 978-7-5653-4498-5

Ⅰ. ①刑… Ⅱ. ①庄… Ⅲ. ①计算机犯罪—刑事诉讼—证据—研究—中国 Ⅳ. ①D925. 213. 4②D924. 304

中国版本图书馆 CIP 数据核字（2022）第 056521 号

刑事电子数据证据的收集与运用

庄乾龙　著

出版发行：中国人民公安大学出版社
地　　址：北京市西城区木樨地南里
邮政编码：100038
经　　销：新华书店
印　　刷：北京市科星印刷有限责任公司

版　　次：2022 年 3 月第 1 版
印　　次：2022 年 3 月第 1 次
印　　张：12. 75
开　　本：787 毫米×1092 毫米　1/16
字　　数：229 千字

书　　号：ISBN 978-7-5653-4498-5
定　　价：55. 00 元

网　　址：www. cppsup. com. cn　www. porclub. com. cn
电子邮箱：zbs@ cppsup. com　zbs@ cppsu. edu. cn

营销中心电话：010-83903991
读者服务部电话（门市）：010-83903257
警官读者俱乐部电话（网购、邮购）：010-83901775
公安业务分社电话：010-83905672

目录 Contents

导　论

早在1980年，未来学家阿尔文·托夫勒就认为大数据是“第三次浪潮的华彩乐章”,[①] 大数据带来了生活、工作、思维的根本变革。[②] 为此，西方很多国家将大数据上升到国家战略的高度。随着互联网技术的快速发展，大数据已经对政治、教育、科技、司法等领域产生了深刻影响。而人工智能与机器算法使得大数据整合变得可能，大数据整合进一步提升了侦控机关打击和预测犯罪的能力。互联网技术裹挟着大数据与大数据整合结果涌向司法领域。在理论层面，人类尚未完全准备好接受大数据及大数据整合这一新鲜事物。但在实践层面，大数据已经席卷刑事司法领域，网络犯罪、人工智能及机器算法似乎瞬间进入办案人员视野。大数据不仅直接冲击着既有刑事证据原理与规则，还间接地影响到犯罪观与刑事证据观。

“大数据并非简单地指向规模化的数据量，而是指向认识论与方法论上的重要变革。”[③] 大数据不仅会改变我们的传统犯罪观，还会影响刑事诉讼观，进而引发人类对刑事证据观的转变。大数据改变了传统证据稀缺性的特点，通过海量证据之间、海量证据与案件事实之间千丝万缕的关系证

① ［美］阿尔文·托勒夫：《第三次浪潮》黄明坚译，中信出版社2006年版，第19-25页。

② 参见［英］维克托·迈尔-舍恩伯格，肯尼斯·库克耶：《大数据时代：生活、工作与思维的大变革》，盛杨燕等译，浙江人民出版社2013年版。

③ 裴炜：《个人信息大数据与刑事正当程序的冲突及其调和》，载《法学研究》2018年第2期，第42-61页。

明案件事实。有人认为此种千丝万缕的联系是大数据的相关性运用，这将代替传统因果关系论。笔者认为，相关性与因果性之间并非相互排斥的关系，相关性更多地体现于证据与证据之间的关系，证据与案件事实之间的关系依然是通过因果论予以展现，只是在大数据与机器算法、人工智能等尚未发展到足够完善的今天，我们无法精准判断大数据如何证明案件事实而已。国外司法人员不愿意打开司法领域中的科学“黑箱”的重要原因之一是对人工智能下机器逻辑的不甚了解。“大数据”通过证据的“量”提升证据的“质”，以全样本代替抽样样本的做法势必会影响甚至改变人类对事物现象与本质的认知模式。

大数据整合在司法实践中的运用倒逼立法者对大数据作出反应。我国先后通过部门规章、联合部门规范性文件的方式有针对性地对大数据背景下电子数据证据问题作出了规定，具体包括最高人民法院、最高人民检察院《关于办理危害计算机信息系统安全刑事案件应用法律若干问题的解释》，最高人民法院、最高人民检察院、公安部《关于办理网络犯罪案件适用刑事诉讼程序若干问题的意见》，《计算机犯罪现场勘验与电子证据检查规则》，最高人民法院、最高人民检察院、公安部《关于办理刑事案件收集提取和审查判断电子数据若干问题的规定》，最高人民法院、最高人民检察院、公安部《关于办理电信网络诈骗等刑事案件适用法律若干问题的意见》，《公安机关办理刑事案件电子数据取证规则》等。上述法律文件一定程度上解决了电子数据证据取证、质证、认证及收集问题，但受电子数据的快速发展与刑事诉讼法既有规则的限制性影响，电子数据证据的收集与运用问题依然存在大量亟须解决的问题。尤其是大数据整合行为的出现，上述法律文件难以对其适用。可以认为，大数据整合行为作为新型诉讼行为涉及刑事诉讼法一系列程序与制度的改革与完善，而大数据整合的结果归属在证据法领域更是产生巨大争议，仅仅通过修改完善既有规则难以应对这一艰巨任务。

现代科学技术使得一切都有被量化的可能。虚拟世界与现实空间不再是绝对对立的关系，两者的交互发展与互联网技术的进展速度趋于同步。大数据背景下人具有了二重身份：现实空间物质化与虚拟空间的电子化。

传统意义上的隐私权在虚拟世界以不同的方式予以呈现，并延伸出诸如轨迹隐私等新型隐私权。有人称之为数据权，有人则称之为个人信息权。在虚拟空间，个人信息权有别于隐私权，隐私权是个人信息权集束化后的权利。这正如作为个体的电子数据不同于电子数据集合化的大数据一样。立法需要对单个电子数据证据设定取证、质证与认证等规则，但将若干个体电子数据证据集合后进行整合分析得出的结论与单个电子数据证据有质的差异。若将其作为证据予以使用则必须构建新型规则或完善既有证据规则使其能够涵盖这一特殊证据类型。就此而言，大数据背景下的网络隐私权具有外在扩张趋势与内在限制要求的紧张关系。隐私权扩张包括类型与关联性扩张两个方面。类型扩张是指在物质量化下信息化、数据化的个人信息呈现出若干新型隐私权，引发隐私权总量增加。关联性扩张是指数字化的个人隐私之间具有天然的无障碍性。现实空间因受物理场所限制，个体隐私之间具有天然的隔离性特征。隐私权在虚拟空间的扩张与传统隐私权保护规则之间的冲突在大数据预测犯罪与推动破案时间提前的强大功能逼迫下进一步升级。这促使我们不得不重新检视以搜查为代表的一系列侦查程序能否适应大数据证据带来的冲击，并需要深刻反思既有刑事立案制度的合理性。

笔者在本课题的写作中，切身感受到了大数据发展的速度之快。与电子证据的出现、应用到立法的回应经历了漫长的时间不同，大数据在司法实践中的运用几乎得到了立法者的同期呼应。这昭示着大数据已然对司法、立法产生了全面而又深刻的影响。但也正是因为大数据快速而深远的影响，让我们来不及对既有实践、立法与理论进行深度思考。立法的前瞻性不足，理论研究的应景效应可能多于沉淀式反思。本课题拟就大数据背景下的电子数据证据收集与运用展开分析。如前文所述，电子数据证据与大数据本身并不相同，两者的个体问题与关联问题都极为重要，故本课题选取其中的重要部分分别进行论述。全文除导论外分为七章，分别就电子数据证据基本概念、大数据对刑事证据观的影响、电子数据取证、动态与静态电子数据分类与取证、加密与非加密电子数据证据能力与证明力、垃圾与常规电子数据证据收集与运用规则、大数据分析报告证据属性问题进行了专题研讨。与课题最初规划相比部分章节作了改动，原写作计划中包含局域网与广域网刑事电子数据证据规则运用章节。但随着互联网技术的发展，笔者通过文献资料搜集整理与若干调研发现，局域网使用情形越来越少。在万物互联的时代，探讨两者的区分意义正在减少，而大数据整合、大数据分析报告等问题理论研究变得更加迫切。为此笔者删除了原计划中局域网与广域网分类章节，增加了大数据整合与大数据分析报告证据属性两个章节，并对部分章节写作模式与内容作了进一步的修改与完善。当然，大数据属于全新的事物，大数据对刑事司法的影响是深远的，本课题时间与篇幅均难以承载所有重要问题，后续笔者会对大数据相关问题继续研究，希冀对我国大数据在刑事司法领域的应用提供助力。

第一章　刑事电子数据证据概念辨析

第一节　刑事电子数据证据概念发展史

一、刑事电子数据证据概念的学术考察

刑事电子数据证据这一概念源于2012年刑事诉讼法修正案。与电子数据证据相似的概念有计算机证据与电子证据。相较于互联网，计算机出现的时间更早，可以说，计算机产生的客观信息就是电子证据的雏形。尽管对计算机证据的说法在20世纪80年代就已经出现，但专门对其进行研究的学者甚少，且主要是在一般性的证据研究中，对这一新兴的证据作附带性的说明。[①] 真正对计算机证据进行系统研究，是随着网络及其他电子产品的发展开始的。计算机证据这一概念难以涵盖其他电子产品产生的证据，故逐渐被电子证据这一概念所代替。

电子证据这一术语源于司法实务，在20世纪90年代末，随着网络的出现、发展与普及，电子化数据作为客观存在不断影响着司法实践。但囿

① 刘文斌：《"电子证据"与"电子数据"考辨》，载《天津法学》2015年第1期，第39页。

于立法的滞后性，电子证据在相当长一段时间内，并没有“名分”。刑事诉讼中法庭只是将其作为认定案件的参考，或者转化为其他证据方式予以证明案件事实。理论研究源于实务的需要，学者对电子证据第一次进行系统论述的是上海大学知识产权学院的吴晓玲，其在《科技与法律》期刊上发表了名为《论电子商务中的电子证据》一文。因其属于对电子证据概念的首次系统研究，学术影响力较大。自此文之后，有关电子证据概念研究论文总量快速增长。但受司法实践需求程度不同影响，20 世纪对电子证据的研究主要停留于民商领域。

2002 年，伊伟鹏在《人民司法》上发表《网络犯罪中电子证据及其采信规则》，此文首次对刑事电子证据概念及相关问题展开研究。当然，这并不意味着电子证据在刑事领域出现时间晚于民商领域。电子证据作为计算机及互联网运行的客观存在，与其产生具有同步性。民事与刑事乃至行政领域中产生电子证据的时间没有先后之分，但对电子证据的认识与运用，刑事领域应该晚于民商事领域。这主要是因为刑事犯罪涉及重大财产与人身自由权利问题，诉讼程序与证据规则把握得更为严格。若缺乏刑事立法根据，司法机关很难直接将其作为证据予以采用，即使将其作为办案的参考，也需要经历较长的时间检验。相较于刑事诉讼，民商事领域主要涉及以财产为中心的私权利，司法机关对证据的认定、运用等均相对宽松。这也是电子证据的适用与研究在民商事领域首开先河的重要原因。

电子数据证据概念发轫于对电子证据内容的反思，其产生时间同于电子证据概念。学者在对电子证据的研究中发现，电子证据这一概念难以体现该类证据证明案件事实的特点。电子证据只是就这一类证据存在的形式进行了说明，而划分证据种类最核心的标准是证据证明案件事实的方法。电子证据证明案件事实的方法在于数据本身，故电子证据概念并不确切，宜将其更名为电子数据证据。① 在上述研究基础上，学者对三大诉讼领域中的电子数据证据进行了细化研究。以电子数据证据为题进行学术性、系

① 参见陈志敏：《电子数据证据问题探析》，载《河南公安高等专科学校学报》2001 年第 4 期；宋宝宏、王静：《电子数据证据在我国的证据地位和证明力》，载《西安政治学院学报》2003 年第 4 期。

统性研究的文章出现于2005年，之后相关研究逐渐增加。刑事电子数据证据概念建立于电子数据证据概念基础之上，并结合刑事犯罪侦查取证、质证、认证等特点，对刑事电子数据证据作出更加细致的界定。

二、刑事电子数据证据概念的立法演变

尽管刑事电子数据证据概念的学术研究源于司法实务的需要，但其转化为立法，尚需要深厚的理论基础与丰富的实践经验作为条件。在立法层面，刑事电子数据证据概念的确立也经历了一个缓慢的发展过程。

电子数据证据萌芽于1999年的合同法。该法第33条规定：“当事人采用信件、数据电文等形式订立合同的，可以在合同成立之前要求签订确认书。签订确认书时合同成立。”该条从实体法角度确立了数据电文在合同成立中的证据效力。但遗憾的是，同期诉讼法或相关证据法律规范中均缺乏相应规定。随着互联网的发展，电子数据不断涌现，司法实务部门面临迫切的立法指导需求。2001年最高人民法院《关于民事诉讼证据的若干规定》出台，该规定将电子数据等同于视听资料，在质证时要求提供原件。2002年最高人民法院《关于行政诉讼证据若干问题的规定》对电子数据作出了类似的规定，将电子数据作为视听资料的一种，其质证程序同于视听资料。

2004年《电子签名法》的出台，进一步推动了电子数据的发展。该法第二章作为一个章节专门就数据电文作出规定，并就其证据属性进行明确：数据电文不得仅因为其是以电子、光学、磁或者类似手段生成、发送、接收或者储存的而被拒绝作为证据使用。2010年最高法、最高检等联合发布的《关于办理死刑案件审查判断证据若干问题的规定》中第一次将电子邮件、电子数据交换、网上聊天记录、网络博客、手机短信、电子签名、域名等界定为电子数据证据的形式。2012年新修订刑事诉讼法将上述司法解释中的电子数据证据正式纳入立法，并将电子数据证据与视听资料并列，成为独立的证据种类。随后，最高人民法院《关于适用〈中华人民共和国刑事诉讼法〉的解释》又将电子数据的内涵具体化为“电子邮件、电子数据交换、网上聊天记录、博客、微博客、手机短信、电子签名、域

名等”，并对其审查内容作了相应规定。同年修订的民事诉讼法在第 63 条中亦明确电子数据是一独立的证据种类。2014 年修订行政诉讼法第 33 条也将电子数据作为独立的证据种类。

上述电子数据证据的立法沿革给予我们重要启示：一是任何立法都无法脱离实践，立法源于实践需求。三大诉讼法相继将电子数据作为独立证据种类是对现实电子数据证据需求的呼应。脱离实践的立法无疑是空中楼阁，镜花水月。二是立法表现出较大的稳妥性，逐步推进，历经司法解释到成熟立法的发展过程。三是立法带有一定的保守性，尤其是在电子数据出现的早期，人们对互联网这一陌生领域产生的证据缺乏前瞻性，试图通过视听资料等熟悉的证据种类对其进行归类，事实证明，电子数据证据与视听资料有着本质性区别，视听资料无法涵盖其内容特征。四是相较于司法实践，理论研究的前瞻性欠缺。更多的理论研究源于立法实践，在立法之前缺少前瞻性的、深刻的学术探讨，偏重于注释性学术研究。这一定程度上影响了立法，缺乏理论土壤的立法其保守性、滞后性特征更为明显。成熟立法的重要标志之一是其具有一定的前瞻性，这需要以前瞻、周延、成熟的理论研究为基础。深刻把握刑事电子数据证据特性，准确界定刑事电子数据证据概念是完善刑事电子数据立法的重要保障。

第二节　电子数据证据概念纷争

在理论层面，何为电子数据证据，一直争论不断。不乏有人不区分证据概念，甚至将相关概念混同使用。

一、概念学说纷争

综观各电子数据证据概念，可将其分为如下几种类型：

一是计算机证据说。计算机证据说强调证据来源于计算机或者计算机系统。这在早期的国外文献中也较为常见。但具体术语称谓又有所不同。如

"Computer Evidence" "Computer-based Evidence" "Computer-produced Evidence" "Computer-created Evidence" "Computer-generatedEvidence" "Computer-stored Evidence" "Computer-related Evidence" "Evidence from Computer Record" 以及 "Computer Output/Printout" 等。① 受域外文献与当时计算机出现且其他电子设备匮乏的现实影响，学者多以计算机为基础阐述电子数据证据的概念与特征。如有人认为，电子数据证据是"在计算机或者计算机系统运行过程中存储的能够证明案件事实的数据和资料"。② 欧洲委员会通过的《网络犯罪公约》第1款将"计算机数据（Computerdata）"界定为："任何适合在计算机系统中处理的事实、信息或观念，包括使计算机系统执行某项功能的程序。"③ 上述两个概念均强调电子数据产生的原因，但未就电子数据的本质作出明确说明。有人虽然冠以电子数据证据名称，但本质上依然是计算机证据。如有人指出，"电子数据证据是在网络犯罪行为实施过程中，计算机或计算机系统运行时产生的，以其记录的内容来证明案件事实的信息数据"。④ 随着科学与社会的发展，电子设备产品日益更新且丰富多元起来，计算机证据越来越难以涵盖以数据形式存在的证据，故计算机证据概念在后续的研究中被逐步淡化，随之取代的是电子证据。

二是电子证据说。电子证据的英文概念是"Electronic Evidence"，电子证据概念重视电子证据的本质特征的描述。如有人认为，电子证据是以在计算机或其他设备中，或在其运行过程中产生或存储的数据、信息来证明案件事实的记录。该概念突出电子证据的载体形式及本质内容，并指出电子证据存在静态与动态两种情形。但该概念将数据与信息并列，信息来源于数据，实际上数据与信息无法作出明确区分。有人指出，电子证据是指"从原始电子数据（包括文件、日志等）中寻找可以用以证明或者反驳

① 何家弘、刘品新：《电子证据法研究》，法律出版社2002年版，第3页。

② 毕玉谦：《证据法要义》，法律出版社2003年版，第16页；徐静村：《电子证据：证据学的一个新领域》，载《重庆邮电学院学报》2003年第1期。

③ See Convention on Cybercrime，http//conventions. coe. int/Treaty/en/Treaties/Html/185. htm. [2014-12-31] / [2016-9-23].

④ 伊伟鹏：《网络犯罪中的电子证据及其采信规则》，载《人民司法》2002年第4期，第45页。

的证据。"[①] 该概念强调证据的筛选性特征，即电子证据不能等同于原始电子数据，经过寻找对案件事实有关的电子数据方能成为证据。据此，电子证据的重心应在于筛选方法，而非原始数据。

三是数字证据说。数字证据的英文表述是"Digital Evidence"。数字证据又称为数据证据，该类概念强调证据内容是由各种形态的数据组成。Scientific Working Group on Digital Evidence——数字证据研究组，该组织认为，数字证据是指可以以数字形式存储或传输的信息且能够被用于证明事实的证据。[②] International Organization on Computer Evidence——国际计算机证据组织，将数据证据界定为，以二进制形式存储或传输的且可以被法庭接受的信息。[③]

四是电子数据证据说。与电子证据学说中强调载体形式不同，电子数据说总体上更加重视电子数据本质属性的解读。如有人言，"电子数据是以电子、光学、磁及类似手段生成、传播、储存的数据信息"。[④] 该概念对电子数据的类型进行分类解析，落脚点是数据信息。有人曰，电子证据是指以电子形式存在的、用作证据使用的一切材料及其派生物；或者说，借助电子技术或电子设备而形成的一切证据。[⑤] 该概念强调电子证据的形式，概念使用概括性术语表达电子证据范围的宽泛，体现了数据海量性特征，但同时用"用作证据"一词将电子证据范围进行了限制。在国外也存在类似概念，如菲律宾《电子商务法》将"Electronic data message"界定为"以电子化、光学或其他类似方式产生、发送、接收或存储的信息。"[⑥] 南非《2002 年电子通信和交易法》中将"Data message"界定为"以电子化

---

① 王利明、周友军、高圣平：《中国侵权责任法教程》，人民法院出版社 2010 年版，第 521 页。

② 周友军：《侵权法学》，中国人民大学出版社 2011 年版，第 307 页。

③ See FBI Forensic Science Communications Report on Digital Evidence：Standards and Principles，http：//www. fbi. gov/hq/lab/fsc/backissu/april2000/swgde. htm#Definitions. ［2004-10-1］/［2017-10-12］.

④ See http：//www. fbi. gov/. ［2010-2-1］ / ［2017-10-11］.

⑤ 谢勇：《论电子数据的审查和判断》，载《法律适用》2014 年第 1 期，第 116 页。

⑥ 何家弘：《电子证据法研究》，法律出版社 2002 年版，第 5 页。

方式产生、传送、接收或存储的声音文件或存储的纪录。”①

二、概念学说评析

电子数据证据概念发展历史与计算机、互联网、多媒体等发展密切相关，各种概念带有明显的时代烙印，具有时代特色。但不能否认的是，任何时代特色都是基于对社会发展进程中的显著事件进行归纳总结而得出的。而显著事件更容易从感性层面给人们留下深刻的印象，即现象容易被人们捕捉，本质易于被忽略。电子数据证据概念发展史同样具有上述特征，计算机证据成为初始概念，并不意味着其他电子载体晚于计算机，只是计算机的出现使得计算机系统产生的证据更为显著而已。电子技术出现以后就存在电子证据或电子数据证据，只是因其数量有限，人们可以通过其他变通方式转化为普通证据予以使用。但此种转化适用在遭遇电子数据证据爆炸式增长后问题就凸显出来，其证明方式、取证、质证及认证方式的独特性使得转化适用模式难以应对层出不穷的问题，现实倒逼立法者与研究者必须重视这一新型证据，故此推动了电子数据证据概念的发展。

电子证据，顾名思义是基于电子化技术产生的电子证据。电子技术是根据电子学的原理，运用电子元器件设计和制造某种特定功能的电路以解决实际问题的科学。② 尽管数字证据出现的时间晚于电子证据，但用数字证据表述可能更为切题，因为数字证据更接近电子证据的原初状态。数字证据源于信息的数字化科学运用。数字化是指用计算机技术对信息内容及其载体进行加工的过程。③ 具言之，就是把二进制数 0 和 1 分别都称为“比特”，并且把存在于计算机中的所有信息对象如数字运算、字符、声音、颜色、图形、图像，连同计算机指令等都用“比特”来表示，这一技

---

① See（e）of Section 6 of Chapter of PARTⅡof The Electronic Commerce Act of 2000 Republic of the Philippines，http：//www. chanrobles. com/republicactno8792. htm. ［2001-10-1］/［2017-6-10］.

② See CHAPTERIINTERPRETATION，OBJECTSANDAPP LICATION Definitions of ELECTRONIC COMMUNICATIONSAND TRANS ACTIONS ACT 2002，http//www. polity. org. za/html/govdocs/legislation/2002/act25. html？rebookmark=1. ［2001-03-04］/［2017-05-07］.

③ 百度百科：电子技术，https：//baike. baidu. com/item/%E7%94%B5%E5%AD%90%E6%8A%80%E6%9C%AF/2470？fr=aladdin. ［2001-04-05］/［2017-12-11］.

术就是“数字化”。[①] 可见，数字化是计算机系统运行的基础和前提，没有数字化技术就不可能有计算机及其互联网的发展。数字化技术的发展推动着通信、广播电视、计算机网络等各种媒体载体的开发与运用。

电子证据概念源于电子化概念。“电子化是对数字化信息资源的一种全新使用和传播方式。具体说来，它是以计算机和通信技术为基础，以数字化信息为对象和内容，通过计算机和网络进行信息使用和传播，可谓一种高技术的信息传播过程和高效率的信息利用结果的体现。”[②] 可见电子化是建立于数字化基础之上的，是数字化的高级形态。在网络出现之前，电子化是指计算机使用数字化信息资源，其不再绝对地依赖于物理形态。随着网络的发展，电子化信息带有广泛快速传播特点，故不宜将电子化的相关证据概念限制于网络空间。

由上可见，数字化是电子证据的基础，任何电子化的证据均建立于数字化基础之上，电子化是数字化的高级形式，但电子化促进数字化的快速发展，赋予数字化更多、更新的特征，网络使得电子化数据带有明显的传播性特征。从历史发展看，应该先有数字证据、再有电子证据，计算机证据不具有代表性。笔者认为，该类证据概念至少应该包含两个要素，一是证据的本质属性，即数字化；二是证据目前或将来的存在形态，即电子化。至于其载体可能会随着科学技术的发展不断推陈出新，且对电子数据证据不会产生实质性影响，故将其命名为电子数据证据更为合适。据此，可将电子数据界定为：用于证明案件事实的电子化数据信息。但电子数据与电子数据证据不同，电子数据属于信息资料，证据则是经过法定程序审查判断后能够用于证明案件事实的材料。电子数据具有实体属性，电子数据证据则具有实体与程序属性。综上，可将电子数据证据界定为：经过法定程序审查判断能够用于证明案件事实的电子化数据信息。据此，刑事电子数据证据是指在刑事诉讼中，经过法定程序审查判断能够用于证明案件事实的电子化数据信息。

---

① 王良城等：《“DA/T31-2005”，中华人民共和国档案行业标准——纸质档案数字化技术规范》。

② 蔡曙山：《论数字化》，载《中国社会科学》2001 年第 4 期，第 33-42 页。

第三节　刑事电子数据证据内涵与外延

一、电子数据证据的内涵

电子数据证据与传统证据相比，其本质特征是其数字化，可以以非物理形态存在，并证明案件事实。其内涵包含以下两个方面的要素。

一是信息的数字化。如前所述，数字化是计算机的核心技术，是信息网络化、虚拟化发展的基础。数字化的本质是将物理层面的信息转化为1或者0的方式。这意味着，电子数据证据的核心在于数字化了的信息，即原初信息。该信息能否证明案件事实，需要对其作证据能力与证明力两个方面的考察。该数字化信息需要借助一定的载体方能予以呈现，但该载体本身与案件事实无关。这意味着司法主体审查判断的核心是数字化信息而非其载体。尽管相关法律对载体审查判断也作了较为详细的规定，其目的是确保数字化信息的客观性不会因载体的变化而受影响。信息的数字化最终需要转化为可识别的信息，转化方式与方法是否科学与规律亦将是司法审查的重点。但司法者一般并不了解数字化转化方法，这需要专业技术人员的参与，即吸纳专家证人参与庭审。但在大数据背景下，对海量数据证据进行一一审查判断不具有现实性，且判断数据证据与案件事实之间的关联性也因数据过大而变得困难重重。这需要借助科学技术手段，对海量数据信息进行二次转化，形成大数据报告分析，但该分析报告是在依据一定的科学技术手段由计算机进行再次加工形成的报告文件。该文件不同于原始意义的数据证据，是基于一定的科学手段对数据的二次加工，故不能直接将其视为证据，只能将其作为查明案件的参考。司法主体需要对其二次加工的技术手段是否科学与合理进行审查判断，以确保数据报告分析的准确性。

二是信息的电子化。在物理层面，电子是指构成原则的基本粒子。信息的电子化是指原始信息的电磁化。这意味着如果不属于原始信息电磁化形态的均不能将其作为电子数据证据看待。司法实务中容易与电子数据证据混淆的是视听资料。三大诉讼法对视听资料与电子数据证据的态度也表现出较大的差异。民事诉讼法与行政诉讼法均将电子数据与视听资料单列，属于两种不同类型的证据。在刑事诉讼法中，视听资料与电子数据尽管有差异，但立法采取并列方式将视听资料、电子数据进行一并规定。这一立法模式至少有两个意图：其一，说明电子数据不同于视听资料，否则直接以视听资料取代电子数据即可；其二，无法完全区分视听资料与电子数据，将其规定于同一项下可混同使用。换言之，这一立法规定又是似是而非的。相较于刑事诉讼法，民事诉讼法与行政诉讼法对电子数据概念的界定更为清晰。因为电子数据的本质即信息的数字化与电子化特征，即可有效区分视听资料与电子数据。根据最高人民法院《关于适用〈中华人民共和国民事诉讼法〉的解释》第 116 条规定，视听资料包括录音资料和影像资料。电子数据是指通过电子邮件、电子数据交换、网上聊天记录、博客、微博客、手机短信、电子签名、域名等形成或者存储在电子介质中的信息。存储在电子介质中的录音资料和影像资料，适用电子数据的规定。该解释将是否属于电磁化的信息作为区分两者的标准是值得肯定的，这是法律规范尊重科学技术、规律的要求与实践。

二、电子数据证据的外延

明确电子数据证据的内涵，有助于界定电子数据证据的外延。根据我国民事诉讼法解释规定，电子数据是指通过电子邮件、电子数据交换、网上聊天记录、博客、微博客、手机短信、电子签名、域名等形成或者存储在电子介质中的信息。刑事诉讼法虽然没有明确电子数据证据的范围，但根据对电子数据证据审查判断标准及司法实务判例，其范围与上述民事诉讼法解释大致相同。具体可以将其分为如下四类：

1. 单纯的外部性输入记录

存储在电子介质中的信息属于电子数据证据种类，如用计算机写作论文、记日记等形成的文字或文件，若与案件事实相关则可称为电子数据证据。有人认为，必须是经过网络或不同电子设备终端的交互作用而产生的电子化、数据化信息方可认定为电子数据证据。① 笔者认为，该观点忽视了电子数据证据基本属性之一的数字化特征，只是强调电子数据证据的电子化属性中的网络化、虚拟化特征。单纯的外部性输入记录尽管与纸质记录有很大的相似性，但因其存储介质的不同，其证明案件事实的方式也会发生变化，尤其是电磁记录的方式自然包含着记录的时间、修改的痕迹等附属信息。上述信息一旦与案件事实相关，自然会成为重要的证据。

2. 电子设备作为媒介留存记录

目前电子设备更多地是作为信息沟通交流的媒介，在此过程中留存的各种类型的记录组成了海量电子数据证据，这也是电子数据中最多的类型。民事诉讼法解释主要围绕此类证据进行了界定，包括电子邮件、电子数据交换、网上聊天记录、博客、微博客、手机短信、电子签名、域名等留存的证据。此类证据证明力较强，证明方式多样，可以内容或行为方式等对案件事实进行证明，同时还可以作为刑事案件侦查线索予以使用。此类证据主要是根据多方主体的交流内容证明案件事实。

3. 电子设备作为对象留存记录

在电子设备成为行为人攻击的对象时，电子设备自动留存的行为人攻击记录是重要的电子数据证据。如行为人对网络实施黑客攻击，侵入特定的计算机信息系统，对相关数据信息进行窃取、删除、修改等行为都会在电子设备中留存重要的证据。该类电子数据证据的形成主要是在行为人单方意志下形成的，为了尽量减少证据留存，行为人很可能会故意实施销毁等掩盖行为，此行为又会在电子设备上留存相应电子数据信息。公安司法机关应对此类电子数据证据加强取证的科技能力，并以反侦查思维进行数据的提取与留存。

4. 电子设备自行运行留存记录

电子设备按照既定的程序进行运作，其运作过程会以不同形式予以记

---

① 姚媛：《数字化、电子化、网络化和虚拟化名词的本质概念及应用》，载《大学图书馆学报》2009 年第 5 期，第 13 页。

录。该记录与行为人的行为无关，是单纯的计算程序运作，包括系统自动生成的日志、自动备份、自动隐藏数据或者系统报错信息等。上述信息若与案件事实相关，自然可以用于证明案件事实。但需要注意的是，若非系统自动生成，而是行为人故意操作使得系统发生故障，从而产生系统报错而留存的证据属于第 3 类证据，而非自动生成的证据。相较于行为人侵入留存的电子数据证据，电子系统自行运行留存的记录客观性更强，应重视其对案件事实的证明作用。

第四节　结语

刑事电子数据证据概念立法流变与学术发展启示我们，概念的产生、演变与司法实践密切相关，立法与司法作为社会现象更容易被人们捕捉并予以放大，至于事物的本质则易被人们忽略。刑事电子数据证据立法前后，人们对相关概念的争论达到了白热化的程度，尤其是对电子证据与数据证据优劣进行了颇费时间与精力的论战。

笔者认为，电子证据或数据证据概念都难以揭示该类证据的本质。就此而言，以电子数据证据作为其概念更为合理。但有必要指出的是，很多人在使用数据证据这一概念时将数字与数据两个概念等同。数字证据概念主要强调证据的内在形式，即证据最终是以“0”或“1”表示的二进制信号组成的一串符号序列，通过字符序列所蕴含的信息来证明案件事实。① 数字证据中的数字是以“0”和“1”的形式存在，其本身无法证明案件事实，更无法被司法机关人员感知与认知。数据是指对客观事件进行记录并可以鉴别的符号，是对客观事物的性质、状态以及相互关系等进行记载的物理符号或这些物理符号的组合。它是可识别的、抽象的符号。它不仅指

① 龙卫球、裴炜：《电子证据概念与审查认定规则的构建研究》，载《北京航空航天大学学报（社会科学版）》2016 年第 2 期，第 40-48 页。

狭义上的数字，还可以是具有一定意义的文字、字母、数字符号的组合、图形、图像、视频、音频等，也是客观事物的属性、数量、位置及其相互关系的抽象表示。例如，“0、1、2……”“阴、雨、下降、气温”“学生的档案记录、货物的运输情况”等都是数据。[①] 数据是可以被司法机关人员感知与认知的，是证明案件事实的直接材料来源，也是数据证据的本源含义。

用“电子”一词修饰数据证据的目的在于数据的电子化的特征，使得数据得以存在的形式或载体发生变化。据此，电子数据证据名称深刻揭示了该类证据的形式与本质，有助于正确认知电子数据证据特征，便于侦查取证、质证、认证，充分发挥该类证据的证明作用，实现案件的公平正义。

---

① 杜志淳、廖根为：《数字证据、电子证据、科学证据、电子记录概念比较分析》，载《中国司法鉴定》2011 年第 4 期，第 60 页。

第二章　大数据视野下刑事证据观的转变

何为大数据，学界对其缺少统一的概念。有人认为，大数据（Big Data），是指所涉及的资料量规模巨大到无法通过目前主流软件工具，在合理时间内达到撷取、管理、处理并整理成为帮助企业经营决策更积极目的的资讯。① 有人指出，大数据是指不用随机分析法（抽样调查）这样的捷径，而采用所有数据的方法。② 有人认为，大数据又称为巨量资料，指需要运用新处理模式才能具有更强的决策力、洞察力和流程优化能力的海量、高增长率和多样化的信息资产。③ 有人则指出，大数据或称海量数据，它是指所涉及的数据量规模巨大到无法通过人工在合理时间内达到截取、处理并整理成为人类所能解读的信息。④ 也有人认为，大数据是指无法在一定时间内利用传统数据软件对其进行收集、存储、处理和分析的数据集合。⑤

---

① 百度百科：大数据。http：//baike. baidu. com/subview/6954399/13647476. htm？ fr=aladdin.［EB/OL］.［2014-02-11］/［2018-01-21］.

② ［英］维克托·迈尔-舍恩伯格，肯尼斯·库克耶：《大数据时代》，盛杨燕、周涛等译，浙江人民出版社 2013 年版，第 39 页。

③ 方印、张海荣：《大数据：法学研究的重要维度》，载《中国社会科学报》2016 年 2 月 17 日，第 005 版。

④ 维基百科：大数据［EB］. http：//zh. wikipedia. org/wiki/大数据，［2014-8-8］/［2017-07-10］.

⑤ 参见陶雪娇、胡晓峰、刘洋：《大数据研究综述》，载《系统仿真学报》2013 年第 8 期，第 142-146 页。

上述概念内涵虽有差异，但大都包含 4V 特征：海量的数据规模（Volume），处理速度快（Velocity），数据类别繁多（Variety），价值密度低（Value）。

大数据本身并没有意义，大数据能被分析利用是大数据获得价值的前提。传统计算机无法处理互联网时代的非结构数据信息，而以云计算为基础的信息存储、分享和挖掘手段，可以有效地将海量数据存储并随时予以分析与计算。云计算是问题解决的方法，大数据是问题。“数据，这个 21 世纪人类探索的新边疆，正在被云计算发现、征服。”① 据此，大数据概念应包含数据本身特征与分析解决大数据这一问题的方法。据此，大数据是指可通过云计算等方法处理、分析价值密度低、类别繁多、海量规模的数据集合。大数据可被分析利用这一客观现实，开启了一次重大的时代转型，正在改变我们的生活以及理解认知世界的方式。随着时代的发展，问题呈现的方式可能会发生变化，但问题本身是相对稳定的，发生变化的是对待与解决问题的态度与方法。作为专业领域中的刑事案件处理亦摆脱不了大数据的影响，正确看待大数据对传统刑事证据的冲击，适时转变证据观，既是互联网时代下的重大挑战又是合理利用大数据的难得机遇。

第一节　传统因果关系思维向相关关系数据规律的转变

因果关系需要解决的是“为什么”，相关关系则重点说明“是什么”。刑事证明②是通过特定的证据证明案件事实。根据通行理论，刑事案件事实主要包括犯罪客体与犯罪客观方面、犯罪主体与犯罪主观方面。犯罪行

---

① ［英］维克托·迈尔-舍恩伯格、肯尼斯·库克耶：《大数据时代》，盛杨燕、周涛等译，浙江人民出版社 2013 年版，序一。

② 刑事证明有狭义与广义之分。狭义证明专指审判过程中，公诉机关或自诉人向审判人员予以证明案件事实。广义证明包括公安机关、检察机关查明案件的过程。本文采纳广义证明概念。

为发生后，侦查机关首先要证明的是其行为是否涉嫌犯罪，其次查明该案件由何人实施。在证据贫乏的年代，寻找特定证据证明案件事实本身极为不易，且耗费巨大，易形成冤假错案。如甲某涉嫌贩卖淫秽物品牟利罪，侦查人员通过一定线索（此时尚未有确定证据证明甲某实施了该行为）怀疑甲某实施了该罪，则侦查人员需要进行进一步验证，该假设要么被证实要么被推翻。因两者都始于假设，相关分析受到主观偏见影响可能较大，极易产生认知错误。囿于证据的稀少，单一证据无法证明某甲直接构成本罪，当某一证据被固定下来后，侦查人员会竭力寻找能够用以支撑此事实的其他证据。证据证明力与证明案件事实证据的多少成反比。易言之，当案件中证据稀缺时，单个证据将被赋予超出其证明力本身的价值，这将影响侦查人员对案件事实的认知程度。冤假错案发生的概率与社会发展的文明程度密切相关，尽管我们无法一一还原历史中的判决，但我们有理由相信，封建、奴隶社会时期的冤假错案远远多于现代社会。这既与社会政治制度有关，又与案件证据获取的量有着不可分割的联系。

证据的稀缺性使得传统刑事证明过度重视因果关系，忽视了相关关系。甘肃白银案①中罪犯高承勇之所以能在较长时间内疯狂作案，与证据获得的稀缺性密切相关。该案侦查人员采用传统入户、走访的方式调查证据的思维模式受限于案件当事人应该是熟悉本地区地理环境的本地人的因果关系假设。案件最终得以侦破依赖于现代科技手段在海量证据中对证据证明中相关关系的重视与运用。“大数据时代开启了一场寻宝游戏，而人们对于数据的看法以及对于由因果关系向相关关系转化时释放出的潜在价值的态度，正是主宰这场游戏的关键。”② 大数据使得传统证据稀缺年代步入证据爆炸时代。“大数据推动了相关关系分析，传统的因果关系逻辑范

① 百度百科：甘肃省白银市连环杀人案，是指从 1988 年至 2002 年的 14 年间，在甘肃省白银市有 11 名女性惨遭入室杀害的案件，部分受害人曾遭受性侵害。凶手专挑年轻女性下手，作案手段残忍，极具隐蔽性，造成巨大的社会恐慌。2004 年，白银市警方向外界公布详细案情，并悬赏人民币 20 万元，希望能够获得线索。https：//baike. baidu. com/item/%E7%99%BD%E9%93%B6%E5%B8%82%E8%BF%9E%E7%8E%AF%E6%9D%80%E4%BA%BA%E6%A1%88/6418102? fr=aladdin. ［2018-10-1］.

② ［英］维克托·迈尔-舍恩伯格、肯尼斯·库克耶：《大数据时代》，盛杨燕、周涛等译，浙江人民出版社 2013 年版，第 20 页。

式面对复杂开放的大数据系统已经难以奏效。”① 在海量证据面前，公安司法主体不应再受证据稀缺招致的传统因果关系影响。大数据时代带给我们的观念上的转变，要求司法者不仅需要具有数据思维，还需要实现从传统的因果规律思维实现向盖然性的数据规律（相关关系的规律）的观念上的飞跃。② 在小数据时代，相关关系也是有用的，但在大数据背景下，相关关系价值将被成倍放大。

相关关系的核心是量化两个数据值之间的数理关系。相关关系强是指当一个数据值增加时，另一个数据值很有可能也随之增加。③ 相关关系在侦查领域影响巨大，利用数据的相关关系，可以为侦查人员指明侦查方向。如在一起涉税案件中，“办案民警调取了涉案主体在所有银行的全量资金数据，整个案件涉及的资金流水数据有上亿条，账户数达上万个。面对如此复杂的资金数据，人工梳理根本不可能。因此，侦查人员建立了资金特征分析模型，资金特征包括资金交易行为特征、账户特征、主体特征等，利用统计概率、挖掘分类算法等技术，在很短时间内完成可疑资金网络的刻画，利用关系可视化技术清晰展现可疑资金的来源和去向，并且自动标注账号和主体的类别标签，为侦查人员提供了侦查的方向，提高了工作效率”。④ 然而，要充分利用证据的相关性证明案件事实，则必须进一步转变单一的取证思维为综合的取证观念。

---

① 杨婷：《论大数据时代我国刑事侦查模式的转型》，载《法商研究》2018 年第 2 期，第 32 页。

② 参见江必新、郑礼华：《互联网、大数据、人工智能与科学立法》，载《法学杂志》2018 年第 5 期，第 1-3 页。

③ ［英］维克托·迈尔-舍恩伯格、肯尼斯·库克耶：《大数据时代》，盛杨燕、周涛等译，浙江人民出版社 2013 年版，第 71 页。

④ 何家弘、刘广三等：《大数据侦查给证据法带来的挑战》，载《人民检察》2018 年第 1 期，第 54 页。

第二节　单一取证思维向综合取证观念的转变

传统证据具有物理性、外显性、单一性特征，即证据以外在物理形态呈现于侦查人员面前，同时证据之间是相对独立的，我们可以将其作非此即彼的区分。但大数据背景下形成的证据则具有电子性、隐蔽性、关联性特征，即证据本身是以电子形态而非物理形态存在，不借助电子载体难以发现证据，且数据证据之间具有明显的关联性。同时，大数据是科学技术发展的结果，大数据背景下电子数据的提取依赖于高科技手段的运用。证据的存在形式与证明方式均要求转变传统的单一取证思维为综合的取证观念，这需要做到以下几个方面的转变。

首先是取证主体的转变。大数据的形成具有较强的专业性，获得大数据证据同样依赖于科技专业手段。就目前而言，侦查主体不具备科技专业知识，并且随着社会分工的进一步强化，科学技术的快速发展，试图通过培养复合型的侦查人员不具有可行性。这需要借助社会专业力量参与数据证据的提取，具体可通过政府购买专业服务的方式来完成。

其次是取证技术的转变。传统取证技术具有明显的被动性与单一性特征。犯罪行为发生后，取证直接指向可能与犯罪相关的物或者人。如在一起故意杀人案件中，血迹是一种重要的物证，然后通过血型或 DNA 鉴定在一定的范围内进行排查。但当案发现场缺乏类似物证时，取证就变得举步维艰，这与取证技术过于单一有关。大数据时代与以往社会不同，其通过信息的流动、共享，建立起一个看不见但是却真实存在的映射社会，构建了新的大数据环境，传统的中央控制模式被弱化，以用户需求为中心汇聚成的巨大信息流成为大数据环境最重要的社会内容。它同时也引发了新的风险，这些新的机会和风险正对我们的法律制度构成新挑战。[①] 但大数据同样为刑事取证带来机遇。随着科学技术的发展，信息痕迹、行为痕迹这些在传统社会难以查证的数据证据在现代社会变得可能与可行。其中信息挖掘技术是大数据背景下取证的重要技术手段之一，侦查机关理应重视这一取证技术。“利用信息挖掘技术，就是从大量的、不完全的、有噪声的、模糊的、随机的数据中，提取隐含在其中的、人们事先不知道的，但又是潜在于网络证据相关的信息处理的过程。因此利用大数据，可以实现对个人碎片化信息的整合，进而逐渐形成一幅完整的人格剖面图。”[②]

换言之，利用信息挖掘技术就是对元数据进行深度加工的过程。大量的元数据本身没有证明价值，但经深度加工后的元数据就可以作为证明案件事实的证据。如针对汽车行车记录仪、共享单车的行踪记录等数据分析可以清晰得到行为人的行踪轨迹，并能从中探寻行为人的生活习惯：是正常出行还是夜不归宿。再如对行为人几年来的资金流进行深度加工提炼出的信息，可以作为侦查的重要指向。信息挖掘技术不仅可以作为犯罪行为发生后的重要取证手段，还可以作为侦查机关主动发现犯罪线索的重要途径。如通过高速公路通行汽车数据进行深度加工分析，就可以发现频繁严重超速、严重超载汽车未被处罚背后的腐败问题。同理，银行通过资金流的大数据监控分析，可以有效发现资金流的异常节点，从而为发现犯罪提供线索。可见，有效使用信息挖掘技术，不仅可以提取到重要的犯罪证据，还可改变侦查过于被动的局面。取证技术的转变要求取证路线的进一步配合与完善。

最后是取证路线的转变。传统取证以侦查人员为主导，根据案件需要制定取证路线。取证主体与取证路线是单一的支配与被支配关系。大数据驱动下的取证要求改上述单一的取证思路为综合的取证路线，即构建大数据主导取证理念。大数据时代，数据成为取证的核心，让事实说话，就是

---

① 乌尔里希·齐白：《全球风险社会与信息社会中的刑法——21 世纪刑法模式的转换》，周遵友、江溯等译，中国法制出版社 2012 年版，第 273 页。

② 刘建华：《大数据时代挖掘隐私证据的可采性原则研究》，载《江西社会科学》2017 年第 9 期，第 196 页。

让大数据说话。数据主导取证理念至少包含如下两个方面含义：其一，在数据化时代，凡事皆可量化，皆可数据化。[①] 传统的人、物、信息，甚至是价值评判、情感道德等均可以予以量化或数据化。这意味着，取证路线是多元与复杂的。其二，数据主导取证整个过程。犯罪现场重建也好，数据摸排、侦查预测也罢，都需要借助数据分析。[②] 更为重要的是，即便是同样的数据，因为数据转化手段、数据分析工具等的不同，得出的结论可能是有差别的。而差异性结论可能启发取证主体更多的取证思路与证明方向。

总之，大数据驱动着传统以取证主体为中心单一取证模式的转变。大数据分析取证的专业性，要求侦查机关广泛吸收专业的社会力量参与其中，并采取与其对应的多元化数据挖掘技术，丰富技术取证手段。同时以数据为主导，形成取证主体—数据、数据—取证主体的双向综合化的取证路线，改变传统以取证主体为中心进行预断式的取证思路为数据为中心的衍生式的取证路线。

第三节　静态证据属性向动态证据属性的转变

根据《刑事诉讼法》的规定，证据是指可以用于证明案件事实的材料。证据的种类包括物证、书证、证人证言、被害人陈述、犯罪嫌疑人、被告人供述和辩解、鉴定意见、勘验、检查、辨认、侦查实验等笔录、电子数据、视听资料。上述证据因受法律明确规范，故又称为法定证据种类。又因上述证据种类形式的固定性与证据内容的不变性，可将其归类为静态证据。静态证据具有如下特点：属于法定证据种类；处于静止状态；

① ［美］道格拉斯·W. 哈伯德，《数据化决策》，邓洪涛译，世界图书出版广东有限公司2013年版，第25-26页。

② 参见何军：《大数据与侦查模式变革研究》，载《中国人民公安大学学报（社会科学版）》2015年第1期，第72-79页。

没有与案件事实及其他证据发生直接关联；具有潜在的证明力。就此而言，静态证据对发现案件事实，证明行为人实施何种犯罪并没有直接的作用。动态证据是指静态证据受到外力作用，将相关内容与案件事实进行关联，从而还原案件事实，证明行为人是否构成犯罪、构成何罪的转变过程中形成的证据。如犯罪现场的一把带有血迹的斧头本身不能证明案件事实，属于静态证据。当鉴定人员将斧头上的血迹进行鉴定证明是被害人的血迹，连同其他证据证明甲使用该斧头将被害人杀死的事实，这一联动过程将静态证据转化为动态证据。可见，静态证据只有转化为动态证据，其证据内容才具有现实意义。

在大数据背景下，上述静态证据分类意义不大，而动态证据意义更为明显。首先，证据本身处于不断变化之中。与传统诸如斧头、日记本等证据的静止状态不同，大数据形成的证据本身一直处于变化中。大数据证据变动性源于以下两个方面的原因：一是数据处于不断变化中，可能增加或减少；二是收集大数据方式将影响数据证据量的变化。当然，若将互联网产生的数据通过纸质方式予以呈现，则该类数据证据具有静态属性。该类静态证据虽然也能够起到证明案件事实的作用，但受其数量庞大的影响，通过纸质原始呈现数据证据，并不能起到有效证明的作用。科学技术的发展，使得高效使用海量数据证据变得可能。以集资诈骗案为例，需要分析资金流向，假设有上亿条资金流向信息，通过纸质分析就变得不可能。但我们可以通过计算机模型进行计算机逻辑分析，确认资金流向，从而为查明案件提供清晰的思路，这一过程本身就说明数据证据属于动态证据。其次，通过计算机逻辑分析形成的数据报告需要进一步进行人工分析，方可与案件事实进行连接，从而还原案件事实。当然，对于通过计算机模型形成的数据分析报告属于何种证据类型，不同学者亦有不同观点。其中有学者认为，“未来的证据法当中，大数据分析报告有必要单列出来作为独立的证据种类，而大数据中那些跟案件相关的数据信息，可以纳入电子数据这一既有的法定证据种类范畴”。[①] 从当下司法实践与技术发展情况看，不宜将其作为新型证据种类，具体可以划分为办案材料阶段、鉴定意见阶段与新型证据阶段（后文将有详细论证）。但基于我国对法定证据种类的规定与司法实践的迫切需求考虑，可以折中地将其视为检验报告。

首先，存储于电子载体中的数据属于电子数据证据种类并无疑问，但当其以不同形式予以呈现时，其证据种类形式可能会发生变化。证据种类划分的依据是其不同的证明方式。电子数据是通过电子载体方式证明案件事实。但若将电子数据通过纸质打印方式予以呈现，则其证据证明案件事实的方式是通过纸质字面含义予以证明案件事实，宜将其列为书证。有人认为，因纸质呈现电子数据只是其固定证据的方式，故其仍然属于电子数据证据。笔者认为，纸质呈现的电子数据与原有的电子数据证据并不完全一致，不能将其视为电子数据证据。以电子邮件为例，电子邮件包括报头、内容、邮箱地址等内容。上述电子邮箱数据内容并不能完全通过纸质方式予以呈现，故不能将纸质呈现的电子数据证据等同于原有的电子数据证据。此外，电子数据在载体内可以通过不同方式证明案件事实，但以纸质方式予以呈现的电子数据证明案件事实的方式比较单一。

其次，将数据分析报告纳入司法鉴定范畴，具有法律与理论依据。根据最高人民法院《关于适用〈中华人民共和国刑事诉讼法〉的解释》第87条规定，对案件中的专门性问题需要鉴定，但没有法定司法鉴定机构，或者法律、司法解释规定可以进行检验的，可以指派、聘请有专门知识的人进行检验，检验报告可以作为定罪量刑的参考。“把资金大数据分析纳入司法鉴定范畴，资金大数据分析报告即可视作检验报告，作出资金大数据分析报告的人需要出席法庭，就该报告作出说明，并接受质证。”[②] 就此而言，将资金大数据分析报告作为检验报告依然是一个动态认定证据的过程，检验报告虽然不能作为法定的证据种类，但对认定案件事实有着重要

---

① 何家弘、刘广三等：《大数据侦查给证据法带来的挑战》，载《人民检察》2018 年第 1 期，第 56 页。

② 何家弘、刘广三等：《大数据侦查给证据法带来的挑战》，载《人民检察》2018 年第 1 期，第 57 页。

的参考价值，具有实质性的证明作用。

综上，大数据背景下形成的证据具有明显的动态特征，这是由数据本身的动态发展与对数据证据的动态逻辑分析方式决定的。并且证据的动态性越强，证明案件事实的作用可能就越大，但同时需要通过有效的规则约束因证据的动态而带来的证明事实不稳定之缺陷，这需要转换传统的印证证明模式为验证证明模式。

第四节　印证证明模式向验证证明模式的转变

印证证明追求证据之间的一致性及案件事实的“唯一结论”，即需要在证明同一案件事实的证据之间（尤其是客观证据与主观证据之间）建立“互相印证”的联系，在此基础上证据的“内含信息同一”或至少“指向同一待证事实”[①]，最终形成关于案件事实的唯一结论。[②] 印证证明这一学说理论得到了我国司法实践的认可。如2010年最高人民法院、最高人民检察院、公安部等联合颁布的《关于办理死刑案件审查判断证据若干问题的规定》与最高人民法院在2012年颁布的《关于适用〈中华人民共和国刑事诉讼法〉的解释》中连续使用“印证”一词多达20余次。司法实践中，若干判决书也大量使用“印证”一词。印证证明模式的产生有诸多原因，[③] 但与证据的稀缺性密切相关。对裁判法官而言，证据过于稀少难以形成对抗外界质疑的有效力量。印证证明模式直接要求必须达到一定数量的证

---

① 参见周洪波、缪锌：《模糊的刑事证明逻辑——关于〈最高人民法院关于适用中华人民共和国刑事诉讼法的解释〉的证据规则评析》，载《西南民族大学学报（人文社会科学版）》2015年第1期，第79-90页。

② 左卫民：《印证证明模式反思与重塑——基于中国刑事错案的反思》，载《中国法学》2016年第1期，第163页。

③ 非直接和非言辞的审理方式是印证证明模式产生的最重要原因；审理与判定的分离进一步支持印证证明模式；重复的事实审理需要案件在书面上的可检验性与印证性；印证证明模式与法官的较低办案素质有一定的关系；印证证明模式与主导的唯物主义认识论有联系。参见龙宗智：《印证与自由心证——我国刑事诉讼证明》，载《法学研究》2004年第2期，第107-135页。

据，这迎合了法官构建对抗外界对其判决评判的需求。换言之，一定数量的证据可以为裁判法官构建起安全堡垒，并为查明案件真相打下良好基础。

大数据时代的到来，削弱了印证证明模式的根基——证据的稀缺性。物质的量化、行为与信息的存储与数据化使得行为痕迹无处可遁。尤其是随着5G技术的发展，以人为中心的互联网正向物联网发展，人们已经迈进万物互联的时代。物质不断量化的现实使得证据日益数据化，从而形成各种样式的大数据。传统证据稀缺性特征日益弱化，大数据为公安司法主体提供了充足的挖掘证据的土壤。运用数据证据证明案件事实需要重视“验证”而非“印证”，并主要表现为以下两个方面：一是验证数据证据本身的真实性及取证主体的合法性。数据的真实性与完整性是验证环节中的关键环节，必须确保数据证据的取证的合法性、真实性与权威性。目前可以采用验证的手段有很多，可以通过购买权威正式取证软件来确保数据取证的合法性与真实性。如可通过对取证人员和系统用户进行身份验证，将身份验证结果与数字摘要、时间戳和地理位置数据，通过二维码生成程序植入二维码中，并显示在生成的鉴定报告中，验证时将二维码识别得到的上述信息与数据校验集中的对应信息进行比对，若一致，则判断所述取证人员身份正确，而且所述电子数据证据未被篡改；否则，判断所述取证人员身份不正确，或者所述电子数据证据被篡改。[①] 二是对数据证据进行验证。数据证据可以采取不同的提取方法，进行不同程度的再加工，以获得不同的证据，并对上述不同方法获得的证据进行“验证”。换言之，验证数据证据的本质是以不同提取途径、相异分析工具验证获得的证据是否具有一致性，是否指向相同的证明目标，能否得出相同的结论。如果结论是一致的，则可认定证据所证明的案件事实；反之，则难以认定证据所证明的案件事实。

当然，验证证明也需要遵循一定的逻辑规则。取证主体与验证主体均

---

① 丁丽萍：《电子数据证据的可采用性验证方法及系统》，发明专利申请，申请公布号：CN 103593618 A。

需要对数据分析原理、数据提取工具方法及关联性判断的原理作出说明。若当事人提出异议，则应就数据分析报告与验证逻辑法则等提交法庭进行深入质证。控辩双方可以申请有专门知识的人到庭就验证逻辑规则及取证工具、分析方法等进行辅助性说明。当然，运用数据挖掘技术形成的数据分析报告主要是通过机器逻辑自动生成的，这与传统依靠人的逻辑推理取证形成的证据有很大不同。但这并不意味着证明标准的降低，公安司法主体需要对机器自动生成的逻辑有一个准确的认识，以便对机器逻辑生成的数据证据材料与案件事实之间的关联性作出准确的判断。

第五节　代结语：大数据要求立法者重新检视立案标准

信息科学技术的发展改变了犯罪行为手段，而物质量化、数据存储使得犯罪留存的证据存在形式发生了变化。这一变化进一步影响到后续的取证、质证、认证等刑事诉讼活动。这要求我们对诸如证明的因果性、取证思维、数据证据属性及证明模式等作出认识上的转变。当然，上述思维的转变均建立在刑事诉讼开启之后的基础之上。根据我国刑事诉讼法的规定，没有立案就没有刑事诉讼。立案是所有刑事诉讼的开端，信息科技与大数据改变犯罪的现实迫使立法者必须重新检视立案标准。

根据现有法律司法解释规定，立案标准实际上有两个，一个是立法层面的立案标准；另一个是司法层面的立案标准。立法层面的立案标准较为粗疏，规定于《刑事诉讼法》第 109 条。该法条规定：公安机关或者人民检察院发现犯罪事实或者犯罪嫌疑人，应当按照管辖范围，立案侦查。根据该规定，立案的前提是发现有犯罪事实或者发现犯罪嫌疑人。该立案标准看似有两个，实际上只有一个。因为行为人涉嫌犯罪的前提必须是有证据证明该嫌疑人实施了犯罪行为，故刑事立案的根本性标准是“发现犯罪事实”。可见，“发现犯罪嫌疑人”难以独立成为立案标准。“发现犯罪事实”是指客观上有犯罪事实发生，这需要足够的证据予以证明有犯罪事实发生。司法层面的立案标准由公安机关、检察机关通过规章与司法解释的方式予以确定。如最高人民检察院、公安部《关于公安机关管辖的刑事案件立案追诉标准的规定（二）》中对集资诈骗罪的立案标准作了明确规定，以非法占有为目的，使用诈骗方法非法集资，涉嫌下列情形之一的，应予立案追诉：（1）个人集资诈骗，数额在10万元以上的；（2）单位集资诈骗，数额在50万元以上的。以此为例，侦查人员若要对集资诈骗罪进行立案，必须有充分的证据证明以下事实：行为人是以非法占有为目的，而非贷款或借款纠纷；行为人实施了虚构事实、隐瞒真相的诈骗行为；实施的诈骗数额达到上述司法解释的标准；行为人以非法占有为目的实施诈骗行为，与被害人遭受财产损失，行为人获得非法利益之间有明确的因果关系。可见，本罪在立案之前需要一定数量的证据。若案件客观事实存在，但因证据不充分，达不到立案的标准，则案件可能无法成立。不能否认，这是“犯罪黑数”形成的重要原因之一。

更为重要的是，随着科学技术的发展，传统犯罪手段发生了明显变化。以集资诈骗罪为例，行为人通过网络或其他高科技手段设立名目繁多的投资项目来诱骗投资者。很多项目或基地设立于国外，加之行为人通过烦琐、冗长的网络程序实施诈骗，这对侦查人员获得有效证据予以证明案件事实的存在增加了难度。因为类似案件若不能通过高科技手段则难以获取有效证据，传统人工方式获得相关证据的做法无法满足侦查打击犯罪的需要。犯罪手段的巨大变化要求刑事司法作出相应的改变：通过高科技手段获取相应证据。“高科技手段可能在立案之前就得到应用，或者办案机关得到重大犯罪即将发生的情报信息，立案之前即采用高科技手段来收集证据和获得犯罪以及犯罪人信息。”① 但根据现有法律规定，在刑事立案前不能通过技术手段获得相关证据。这一规定，很难适应大数据智能时代的侦查需求。

---

① 何家弘、刘广三等：《大数据侦查给证据法带来的挑战》，载《人民检察》2018年第1期，第55页。

纵观世界各国，相较于我国刑事立案标准，很多国家的立案条件要比我国宽松得多，只要有人报案、自首、控告、举报，警方作出登记后即可立案进行侦查。当然，为了严格规范侦查行为，绝大多数国家对侦查作了任意性侦查与强制性侦查的区分。为防止强制性侦查带来的侵害，各国都对强制性侦查作了严格限制，对其侦查行为进行事前、事中及事后的司法控制。未来立法者有必要对大数据背景下的犯罪作出回应，降低现行刑事立案标准，改为立案登记制，严格侦查程序，强化侦查程序的司法控制。

第三章　刑事电子数据证据取证

随着网络技术的应用与发展，相关证据以电子方式留存于虚拟空间的情形已然成为常态。犯罪证据留存方式的变化倒逼取证制度适时变革。正是在此背景下，刑事电子数据取证制度也先后经历了从无到有、简单到复杂、粗疏到完善的发展过程。梳理刑事电子数据证据取证起源与发展，检视现有电子数据取证规则，既有利于确立正确的刑事电子数据证据取证观念，亦有助于发现其存在的个中问题，从而为完善刑事电子数据证据取证规则提供有益建言。

第一节　刑事电子数据证据取证的两次发展

一、刑事电子数据证据取证萌芽时期

刑事电子数据证据的出现和运用与计算机、互联网技术的发展密切相关。中华人民共和国成立至 20 世纪 70 年代，国内尚未出现计算机互联网的大面积使用。中华人民共和国第一台电子数据计算机诞生于 1958 年。1965 年至 1972 年我国开启第二代晶体管计算机研制，1965 年至 1972 年开始第三代中小规模集成电路的计算机的研制。自 20 世纪 80 年代初，随着

第4代超大规模集成电路的计算机研制及其他媒体设备的增加与使用，电子数据证据开始出现。刑事电子数据证据的司法实践运用远早于立法。中华人民共和国第一例采用电子数据证据定案的是江青案[①]。该案件中，法庭播放了江青诬陷刘少奇的一段录音，并被法庭采纳作为定案的根据。但囿于计算机总体数量限制，此阶段电子数据证据极少，未能引起学者与立法、司法实务人员的关注。1979年的《刑事诉讼法》只规定了六种证据种类，未涉及刑事电子数据证据。20世纪80年代至90年代末，随着我国计算机研究的进一步发展，以电子计算机为代表的多媒体技术获得长足发展，计算机开始在科学、教学研究中使用。电子数据证据总量增多，该证据类型也逐步得到重视。但该阶段，对电子数据证据基本停留于“视听资料说”认识层面。

鉴于电子数据证据的稀缺，对刑事电子数据证据取证规范几乎为零。司法实务中，对刑事电子证据取证方式也表现得五花八门，具有明显的时代特色：一是取证主体缺乏专业性。刑事电子数据取证主体一般是办案人员，囿于专业的限制，刑事办案人员一般缺乏计算机等多媒体专业知识，对电子数据存储与提取原理了解甚少，实务中不乏因取证技术问题而导致电子数据证据无法运用的情形。二是取证程序缺失。取证时使用何种取证技术及应否由无利害关系人员见证及其他重要取证程序均缺乏细致规定。实务中，办案人员对电子数据证据进行简单复制或者对如硬盘等数据载体进行整体提取的情形不在少数，粗疏的取证行为不但会降低电子数据证据的质量，还极有可能侵犯相关人员隐私权等重要合法权益。

受1979年《刑事诉讼法》对电子数据证据规范缺失的影响，作为专门规范侦查取证的1987年《公安机关办理刑事案件程序规定》（以下简称《程序规定》）亦未对刑事电子数据证据作出任何规定。1996年修订的

① 在1981年最高人民法院特别刑事法庭审判江青时，当庭播放了她在1967年7月18日诬陷刘少奇的讲话录音，致使其不得不承认“听起来是我的声音”，据此作为定案的依据之一。参见孟建国等编著：《视听资料检验》，中国人民公安大学出版社2002年版；也有人认为，国内诉讼实践中最早使用录音录像手段的是1974年1月15日北京市有关机关侦破苏联外交官马尔琴克等与派遣特务李洪枢秘密接头交换情报的犯罪案件。

《刑事诉讼法》新增视听资料证据种类。理论与实务中相当一部分人员将刑事电子数据证据归为视听资料，但也有部分学者以电子数据呈现方式不同将其区分为书证、视听资料或者鉴定意见等。《程序规定》虽然对视听资料等证据作出了原件与复制件的制作取证要求，[①] 但未就具体取证程序作出规定，更未针对电子数据证据作出规范。2005 年公共信息网络安全监察部门下发的《计算机犯罪现场勘验与电子证据检查规则》（以下简称《检查规则》），首次对电子证据作出界定，并明确其外延，包括电子数据、存储媒介和电子设备。尽管《检查规则》对电子数据证据的界定不甚准确，程序规范亦有待提高，但在国家层面，其属于首次针对刑事电子数据证据问题作出规定的规范性文件。在地方上，江苏省高级人民法院、检察院、公安厅、司法厅于 2001 年联合发布了《关于刑事案件证据若干问题的意见》（以下简称《意见》）。《意见》第 1 条明确将电子数据作为独立的证据种类。[②]《意见》虽未对电子数据的提取程序作出明确规定，但其就电子数据的审查判断作出了较为严格的规范，间接涉及电子数据证据取证程序。上述规范性文件将电子数据作为独立证据种类进行规定，并涉及电子数据取证、审查判断等程序规则，无疑是一次有益的尝试。自此，刑事电子数据证据取证在立法与司法层面开始崭露头角。

二、刑事电子数据证据取证发展时期

2011 年修订的《刑事诉讼法》新增电子数据证据种类，并将其与视听资料并列。这在法律层面首次确立了电子数据独立证据的地位。以此为契机，刑事电子数据取证迎来了黄金发展期。2012 年公安部发布的《程序规定》虽然明确了电子数据证据，但并未就电子数据证据提取问题作出细致

---

① 1998 年《公安机关办理刑事案件程序规定》第 57 条规定：收集、调取的书证应当是原件。取得原件有困难或者因保密工作需要的，可以是副本或者复制件。收集、调取的物证应当是原物。原物不便搬运、保存或者依法应当返还被害人的，可以拍摄足以反映原物外形或者内容的照片、录像。第 58 条规定：书证的副本、复制件，视听资料的复制件，物证的照片、录像，应当附有关制作过程的文字说明及原件、原物存放处的说明，并由制作人签名或者盖章。

② 《意见》第 1 条规定：证据有以下几种：（1）物证、书证；（2）证人证言；（3）被害人陈述；（4）犯罪嫌疑人、被告人供述和辩解；（5）鉴定结论；（6）勘验、检查笔录；（7）视听资料；（8）电子数据。

规定，难以满足司法实务对电子数据取证规则的需求。2014 年公安部发布的《关于办理网络犯罪案件适用刑事诉讼程序若干问题的意见》采用 1 大条 6 小条的方式较为全面地规定了电子数据证据取证问题。该意见分别就电子数据证据的取证主体、原件提取、鉴定意见等程序内容作了规范。但略显遗憾的是，该意见适用范围局限于网络犯罪案件。换言之，对于非网络犯罪案件中的电子数据取证相关程序问题，原则上该意见不能适用。

2016 年最高人民法院、最高人民检察院、公安部联合发布的《关于办理刑事案件收集提取和审查判断电子数据若干问题的规定》（以下简称《电子数据证据规定》）进一步规范了电子数据证据提取相关程序。《电子数据证据规定》不仅首次界定了电子数据概念，还就电子数据外延进行了明确，并以明示列举方式排除非电子数据证据情形。《电子数据证据规定》的进步之处集中表现为对电子数据证据取证规范的全面性规定。《电子数据证据规定》全文分为一般规定、电子数据的收集与提取、电子数据的移送与展示、电子数据的审查与判断及附则五部分内容。其中电子数据的收集与提取占据主要篇幅。根据电子数据的技术特点明确收集与提取的详细程序。但受电子数据的复杂性、技术性特征影响，该规定仍难以涵盖电子数据取证所有问题，出台更加细致的电子数据取证规范依然是实践的迫切需求。

2019 年施行的《公安机关办理刑事案件电子数据取证规则》（以下简称《取证规则》）顺应司法实践需求，更为全面、系统地规定了电子数据取证相关程序。《取证规则》全文分五章，设六十一条，共计七千余字对电子数据的取证规则进行了详细规定，初步构建起一系列电子数据独特的取证规则，是电子数据取证规则的集大成者，代表着近一段时间以来电子数据取证规范发展的成就，奠定了未来电子数据取证乃至电子数据其他规则体系的构建基础。当然，尽管《取证规则》有着极为重要的法律地位，但也存在相关问题，电子数据取证规则仍然未达到成熟阶段，《取证规则》仍然需要接受实践检验与理论检视。

第二节 刑事电子数据取证三点新发展

以《电子数据证据规定》与《取证规则》为代表的司法解释及部门规章对刑事电子数据取证规则作出了较为全面的规定，很大程度上推动了刑事电子数据取证制度的发展，具体表现为以下三个方面。

一、确立刑事电子数据取证等基本概念

“无论是在日常生活还是在理论活动中，概念都是人们进行清晰思考和对象认知的必要工具，对于法学研究和法律实践而言同样如此。”[①] 周延的法律概念既有助于引导司法实践又利于学术的深入思考。刑事电子数据取证制度获得长足发展的表现之一是相关司法解释与规范性文件确立了一系列重要的基本概念。

《电子数据证据规定》明确了刑事电子数据概念，并以明示列举方式界定了刑事电子数据外延。根据该规定，电子数据是案件发生过程中形成的，以数字化形式存储、处理、传输的能够证明案件事实的数据。电子数据包括但不限于下列信息：电子文件、网页、博客、微博客、朋友圈、贴吧、网盘等网络平台发布的信息；手机短信、电子邮件、即时通讯、通信群组等网络应用服务的通信信息；用户注册信息、身份认证信息、电子交易记录、通信记录、登录日志等信息；文档、图片、音视频、数字证书、计算机程序等电子文件。以数字化形式记载的证人证言、被害人陈述以及犯罪嫌疑人、被告人供述和辩解等证据，不属于电子数据。[②] 电子数据概念的形成与确定有着极为重要的理论与现实意义。电子数据概念是电子数

① 雷磊：《法律概念是重要的吗》，载《法学研究》2017 年第 4 期，第 74 页。

② 参见最高人民法院、最高人民检察院、公安部《关于办理刑事案件收集提取和审查判断电子数据若干问题的规定》第 1 条。

据“生活类型”[①] 实践成熟的标志。电子数据概念深刻揭示了在虚拟环境下电子数据的数字化技术特征与法律特征。该概念将数字证据与数字证据呈现方式进行严格区分，强调该类证据的技术化特征。法律证明的基础在于数字化存储、处理及传输形式，诸如建立于电子数据基础上的大数据分析报告并非电子数据证据本身，不能成为独立的证据种类，更不能将其作为定案的根据，但可以将其作为侦查案件的线索或作为办案的参考。据此，任何刑事电子数据证据的提取、运用都必须深刻体现其技术性特征要求，电子数据证明案件的方式应符合电子数据技术形成的科学规律。这意味着，电子数据证据真实性的审查判断重点之一应该是电子技术运用的科学性，并决定了电子数据证据提取中正确运用科学技术方法的重要性。

《取证规则》在电子数据概念基础之上进一步明确了刑事电子数据取证外延。电子数据取证包括但不限于：收集、提取电子数据；电子数据检查和侦查实验；电子数据检验与鉴定。[②] 电子数据取证工作关系到后续审查起诉、审判等重要诉讼环节，优质的取证工作是实现司法公正的重要保障。《取证规则》明确电子数据取证方式，这为后续严格取证工作明确了方向，事实上《取证规则》也正是基于上述取证方式分章严格规定了收集、提取电子数据、电子数据检查、侦查实验、电子数据检验与鉴定程序。此外，《电子数据证据规定》与《取证规则》多次使用诸如在线提取电子数据、现场提取电子数据、冻结电子数据、电子数据检查、电子数据侦查实验、电子数据委托检验、电子数据委托鉴定等专业术语。尽管上述规范文件并未对相关术语进行严格概念界定，但均设置了具有可操作性的诉讼程序。

二、构建电子数据取证规则体系

综观现有法律规范文件，刑事电子数据取证规则体系经历了从无到有、不断发展完善的过程。如前所述，首次对刑事电子数据取证作出规定

---

① 林立：《法学方法论与德沃金》，学林文化事业有限公司 2002 年版，第 115 页。

② 参见公安部关于《公安机关办理刑事案件电子数据取证规则》第 3 条。

的是2005年的《检查规则》，该规则只是简略地对电子数据取证作出了规定。2012年最高人民法院发布《关于适用〈中华人民共和国刑事诉讼法〉的解释》（以下简称《高法解释》），该解释用两个条文的篇幅对刑事电子数据审查判断问题作出了原则性规定，间接涉及刑事电子数据取证问题。2021年《高法解释》丰富了刑事电子数据取证的审查内容与排除规定，与《取证规则》保持了较好地衔接。使得刑事电子数据取证制度获得突破性进展的是“两高一部”发布的《电子数据证据规定》。该规定以11个条文，对电子数据提取主体、电子数据原始存储介质的扣押与封存、拍照、打印固定电子数据方式、冻结电子数据、调取电子数据、电子数据检查、电子数据鉴定等内容进行了较为详细的规定。上述规定初步形成了电子数据取证规则体系，但距离真正意义上的规则体系构建仍有一段距离。

公安部发布的《取证规则》以五章的方式全面系统地规定了电子数据取证规则。《取证规则》以《刑事诉讼法》《电子数据证据规定》等为基础，吸收司法实践中的有益做法并在借鉴相关规范性文件基础上，对收集提取电子数据、电子数据的侦查与实验、电子数据的委托与检验进行了详细规定。与《电子数据证据规定》相比，《取证规则》增设了如检验等相关概念，丰富了电子数据取证程序，更加重视私权利的保障。《取证规则》中多处增设对个人权利保护的规则，如根据《取证规则》第4条规定，如果刑事电子数据信息包含个人隐私的，应当保密。该规则在延续《电子数据证据规定》的基础上，进一步补充规定：对于获取的材料与案件无关的，应当及时退还或者销毁。此外，该规则首次对电子数据信息量进行了限制，基本确立了数据信息收集最小化原则。因为扣押原始存储介质属于严厉的侦查行为，会对相关当事人权利行使产生重大影响。为此，《取证规则》明确如果需要扣押原始存储介质，当场开列《扣押清单》一式三份，其中一份交由持有人或提供人持有。实践中，针对无法扣押的原始存储介质且无法一次性完成电子数据提取的，《取证规则》创设了登记保存制度，但为防止侦查机关拖延，该规则明确对登记保存的原始存储介质，应当在7日以内作出处理决定，逾期不作出处理决定的，视为自动解除。经查明确实与案件无关的，应当在3日以内解除。上述规定最大程度地保护了相关主体的合法权利。

《取证规则》对电子数据取证体系规则的构建还体现于对电子数据取证过程中涉外事务的妥善处理方面，初步构建起电子数据境外与境内取证原则，搭建国内外电子数据取证体系。在规范文件层面，《电子数据证据规定》首次对电子数据的域外取证问题作出了规定。该规定针对包括原始存储介质在境外而无法扣押原始存储介质的情形，采取列举方式明确可以使用在线提取电子数据的方法获得相关证据。这意味着，我国刑事执法机关可以直接于域外进行取证。这与传统的一国执法机关无权在他国享有执法权的原则相冲突，引发争议。《取证规则》针对上述争议，在区分域内与域外的基础上，设计不同的取证制度，对境外电子数据作是否公开发布的区分，对公开发布的电子数据可以通过网络在线提取，对尚未公开发布的境外电子数据不能通过网络在线提取。但对于境内远程计算机信息系统上的电子数据，则不需要区分是否已经公开发布，可以直接予以在线提取。

三、细化电子数据取证技术规则

与传统证据不同，大数据背景下的刑事电子数据证据具有明显的技术性特征。《取证规则》的进步之处还体现于对电子数据技术特征的尊重。宏观层面，《取证规则》的体系安排体现出明显的电子数据技术特征。传统证据的提取一般涉及两个阶段，包括收集提取与鉴定阶段。但刑事电子数据证据不仅要经历收集提取阶段，还需要经历特殊的如数据恢复、破解、关联等阶段。《取证规则》以此为据，将电子数据取证区分为收集提取、检查与侦查实验、检验与鉴定三个阶段，外加总则与附则，与上述三章形成较为完整的刑事电子数据证据取证体系。

在微观层面，《取证规则》对技术规则的细化与重视则随处可见。《电子数据证据规定》首次在条文中明确技术规则的重要性：侦查机关应当遵守法定程序，遵循有关技术标准，全面、客观、及时地收集、提取电子数据。收集、提取电子数据，应当由二名以上侦查人员进行。取证方法应当符合相关技术标准。《取证规则》进一步将上述技术规则的原则性规定进行细化。《电子数据证据规定》将扣押原始存储介质作为原则性规定，但《取证规则》则在考虑电子数据存储形式基础上将其明列为其中的一种提取形式，并增列四种提取电子数据证据形式，分别是现场提取电子数据；网络在线提取电子数据、冻结电子数据、调取电子数据。新增提取电子数据形式可以有效解决司法实务中不存在电子存储介质、无法扣押电子存储介质等现实矛盾。《电子数据证据规定》确立了扣押原始存储介质为主、提取电子数据为辅、打印拍照为补充的原则。[①] 而实际上随着打印拍照技术的提升，打印拍照的便利性极大提高了该技术手段在司法实务中适用的频率。为此，《取证规则》首次明确打印、拍照的优先适用情形。对于无法扣押原始存储介质并且无法提取电子数据、存在电子数据自毁功能或装置，需要及时固定相关证据或者需现场展示、查看相关电子数据的，可以采取打印、拍照或者录像等方式固定相关证据。通过打印、拍照固定电子数据证据可以在部分案件中省略检查、检验、鉴定等环节，节约侦查成本。

《取证规则》对技术规则的尊重还体现于取证程序规范分类基础的技术化。根据《高法解释》《刑事诉讼法解释》的相关规定，因客观原因无法由见证人见证取证活动的，可以对相关取证行为进行录像。但关于录像的具体步骤，相关法律均缺乏明确规定。根据公安部发布的《公安机关现场执法音视频记录工作规定》，取证过程应该全程不间断录像。《取证规则》沿用该规定，明确在扣押存储介质与无见证人情形下提取电子数据的过程中应该全程无间断录像。但《取证规则》对网络在线提取电子数据的并未规定全程录像，只是针对可能无法重复提取或者可能会出现变化的电子数据就重要的关键信息进行部分录像。这主要是考虑现场提取与在线提取电子数据因技术差异导致的时间成本差异。受带宽及其他技术影响，在线提取电子数据所消耗的时间是现场提取电子数据成本的几十倍乃至几百倍，且大部分时间为无人工干预时间，没有必要对所有提取情形进行全程

① 田虹、翟晓飞、王艺筱：《〈公安机关办理刑事案件电子数据取证规则〉的理解与适用》，载《派出所工作》2019年第3期，第9页。

录像。

《取证规则》基于技术限制创新电子数据保存制度。《程序规定》针对作为犯罪证据但不便提取的财物、文件，采取登记保存制度。《取证规则》沿用了该制度，对无法扣押的原始存储介质且无法一次性完成电子数据提取的，经登记、拍照或者录像后，可以封存后交其持有人（提供人）保管。创设登记保存制度是基于对电子数据载体的技术性特征考量，如在涉及服务器数量大，针对类似云服务器等无法采取冻结措施，侦查机关更不可能扣押之后进行重建整个网络系统，采取登记保存方式可以有效避免上述技术疑难问题，在侦查中起到关键证明作用。但与其他取证方式相比，登记保存制度存在明显弊端，不利于当事人开展经营活动，因为既然其与犯罪相关，就应固定其存在状态。《取证规则》规定，被登记封存的计算机及网络等，持有人（提供人）应当妥善保管，不得转移、变卖、毁损，不得解除封存状态，不得未经办案部门批准接入网络，不得对其中可能用作证据的电子数据增加、删除、修改。必要时，应当保持计算机信息系统处于开机状态。基于此，为保障相关人员的权利，《取证规则》进一步规定，对登记保存的原始存储介质，应当在 7 日以内作出处理决定，逾期不作出处理决定的，视为自动解除。经查明确实与案件无关的，应当在 3 日以内解除。登记保存制度明确保存时间有助于保障当事人相关权益，提升了该制度的可操作性。

第三节　刑事电子数据证据取证四点担忧

随着电子产品普及化与网络技术的快速发展，刑事电子数据证据取证立法与司法实践均获得了长足发展。而《取证规则》的出台使得刑事电子数据证据取证体系基本形成，电子数据证据取证行为朝着制度化方向发展。但无论是其他相关法律还是《取证规则》依然存有不足，并集中表现为以下四大关系的模糊性。

一、刑事电子数据取证行为与侦查行为关系不明

取证即收集证据。根据我国刑事诉讼法的规定，公安司法机关收集证据的权力源于刑事立案，始于刑事侦查阶段，而侦查是获得证据的主要手段。侦查是指有权机关在办理案件过程中，依照法律进行的专门调查工作。法律规定的侦查行为有讯问犯罪嫌疑人，询问证人、被害人，勘查、检验，搜查，查封、扣押、查询、冻结，鉴定，辨认，技术侦查，通缉9种类型。与刑事电子数据取证相关的侦查行为是搜查、查封、扣押及冻结，鉴定，技术侦查等。但就目前来看，刑事电子数据取证方式很难将其纳入上述侦查行为中，刑事电子数据取证行为与侦查行为之间的关系不明。

一是看搜查、扣押行为。搜查与扣押一般是伴随关系。搜查是获取相关证据的手段，而只有扣押方能实现发现、保存证据的目的。而搜查是开启扣押的前提，且极易侵犯人权，在此只对搜查展开论述。根据《刑事诉讼法》规定，为了收集犯罪证据、查获犯罪人，侦查人员可以对犯罪嫌疑人以及可能隐藏罪犯或者犯罪证据的人的身体、物品、住处和其他有关的地方进行搜查。身体、物品、住处不能成为电子数据的载体，故其上述场所不能涵盖电子数据证据的取证。那么其他有关的地方是否可以涵盖承载电子数据的虚拟空间呢？现有刑事诉讼法并未对其他场所作出明确规定，只有在《人民检察院刑事诉讼规则》中对搜查的环境进行了描述，但其内容依然集中于物理场所。[①] 传统立法设置搜查规范的目的在于保护特定物理空间内的财产权、安宁权及隐私权。而对电子数据的提取则涉及新型数据隐私权的侵害与保护问题。“隐私权保护的强化与现代信息社会具有密切不可分的关系……信息社会使个人成为所谓的‘透明人’，甚至裸体

---

① 1999年《人民检察院刑事诉讼规则》第175条规定：为了收集犯罪证据，查获犯罪人，侦查人员可以对犯罪嫌疑人以及可能隐藏罪犯或者犯罪证据的人的身体、物品、住处、工作地点和其他有关的地方进行搜查。第176条规定：人民检察院在搜查前，应当了解被搜查对象的基本情况、搜查现场及周围环境，确定搜查的范围和重点，明确搜查人员的分工和责任。

化。”[①] 与传统搜查对象不同，对电子数据的搜查具有二次性特征：第一次搜查是针对电子数据存储设备；第二次搜查则是针对电子数据本身。两者存在方式不同，决定着搜查方式上的差异。但从规范层面看，我国现有立法及规范性文件均回避了这一问题。《电子数据证据规定》与《取证规则》均使用收集与提取代替“搜查”。可见，传统“搜查”行为无法包含电子数据的“收集与提取”。

二是看查封。现有法律规定并未对“刑事查封”作出明确规定，属于不确定概念。学术与实务层面亦未对其形成统一的认识。“刑事查封”作为侦查行为其目的在于获得相关犯罪证据，故可将其作如下定义：侦查机关依照法定程序对与犯罪有关的财产、文件等予以封存的强制性侦查措施。根据《刑事诉讼法》第 141 条的规定[②]，查封的对象是财物和文件。2021 年《高法解释》与 2019 年《人民检察院刑事诉讼规则》（以下简称《高检规则》）对查封的对象进行了较为详细的论述，尽管文字表述有差异，但本质相同，集中于不动产与特定的部分动产。有学者基于上述规定，圈定了侦查机关查封的范围：土地、房屋等不动产和置于该不动产上不宜移动的设施、家具和其他相关物品，以及涉案的不宜移动的车辆、船舶、航空器和大型机械、设备等特定动产。[③] 就此而言，电子数据存储设备也可能成为查封的对象。一方面，电子数据存储设备具有财产属性；另一方面，电子数据存储设备属于动产，当然其可能属于不宜移动的特定动产。但从《电子数据证据规定》与《取证规则》相关规定来看，上述文件并未沿用“查封”一词，而是采用了与其相近的“封存”术语。但问题是，与查封类似，对电子数据的“查封”也好，“封存”也罢，都表现出二次性特征：第一次是“封存”电子数据存储设备；第二次是“搜查”或

---

① 王泽鉴：《人格权的具体化及其保护范围·隐私权篇（上）》，载《比较法研究》2008 年第 6 期。

② 《刑事诉讼法》第 141 条规定：在侦查活动中发现的可用以证明犯罪嫌疑人有罪或者无罪的各种财物、文件，应当查封、扣押；与案件无关的财物、文件，不得查封、扣押。对查封、扣押的财物、文件，要妥善保管或者封存，不得使用、调换或者损毁。

③ 占佳、郎俊义：《谈刑事查封制度的立法与完善》，载《公安研究》2013 年第 10 期，第 47 页。

“鉴定”电子数据。可见，传统的查封无法涵盖或评价电子数据的收集与提取。

三是看冻结。根据《刑事诉讼法》第144条的规定，冻结的对象限于虚拟财产。[①]《程序规定》《高法解释》与《高检规则》对冻结的适用程序均作了更为细致的规定，但其适用范围均沿用了《刑事诉讼法》的相关规定，适用对象不明确，且不统一。相较而言，《人民检察院扣押、冻结款物工作规定》对冻结的适用对象作了更为明确的规定：虚拟财产及以犯罪工具为代表的实物都属于冻结的对象。[②] 该规定作为部门规章对冻结对象由虚拟财产扩张为包括实物，抛开这一规定是否违反《刑事诉讼法》不论，单就传统冻结程序能否适用于电子数据而言，亦不无问题。首先，传统冻结对象是财产，电子数据本身有可能是财产也有可能不具有财产价值，但同样会涉及他人的重要隐私权等。其次，因适用对象不同，冻结的程序亦有差异。最后，财产权与隐私权等权利属性不同，对其要求的诉讼程序尤其是救济手段上亦有差异。《电子数据证据规定》首次提出冻结电子数据这一取证方法，《取证规则》继续沿用了该术语，并规定了严格的诉讼程序。可见，尽管《取证规则》与《刑事诉讼法》同样使用了“冻结”这一术语，但就其适用对象与适用程序规范程度看，均有质的差异，传统“冻结”这一强制性侦查措施难以涵盖“冻结电子数据”这一特殊的取证手段。

四是看技术侦查。技术侦查是侦查机关通过特殊技术手段合法地“侵入”个人私密空间以搜集犯罪证据、获得侦查线索、抓捕犯罪嫌疑人的一种侦查活动，具有技术性、秘密性与隐私侵入性。[③] 2012年修订的《刑事

---

① 《刑事诉讼法》第144条规定：人民检察院、公安机关根据侦查犯罪的需要，可以依照规定查询、冻结犯罪嫌疑人的存款、汇款、债券、股票、基金份额等财产。有关单位和个人应当配合。犯罪嫌疑人的存款、汇款、债券、股票、基金份额等财产已被冻结的，不得重复冻结。

② 《人民检察院扣押、冻结款物工作规定》第2条规定：“本规定所称扣押、冻结的款物，是指人民检察院在依法行使检察职权过程中扣押、冻结的违法所得、其他可能与犯罪有关的款物、作案工具、非法持有的违禁品等。犯罪嫌疑人、被告人实施违法犯罪行为所取得的财物及其孳息属于违法所得。”

③ 刘军：《技术侦查的法律控制——以权利保障为视角》，载《东方法学》2017年第6期，第25页。

诉讼法》增设技术侦查手段，并对技术侦查适用案件范围、适用主体、适用期限等作了较为原则性的规定。但该法与其他相关法律法规均未对技术侦查类型予以明确。司法实务中通常包括电子侦听、电话监听、电子监控、秘密拍照、录像、进行邮件检查等秘密的专门技术手段。在德国，根据刑事诉讼法规定，侦查人员可以采取的技术侦查措施包括计算机数据搜寻（第 98a-c 条）、通信监控（第 100a，b 条）、住所监听（第 100c-e 条）、住所外监听（第 100f 条）、提取通信数据（第 100g 条）、隐蔽拍照录像（第 100h 条）和移动终端数据获取（第 100i 条）等。[①] 与德国刑事诉讼法明确列举技术侦查手段不同，我国《刑事诉讼法》采取了模糊立法模式，没有明确技术侦查手段。根据词语含义，任何需要特定技术获取相关证据的手段，都可以评价为技术侦查。就此而言，上述德国刑事诉讼法规定的技侦措施都可以纳入我国技术侦查手段当中。《取证规则》增设的网络在线提取电子数据是否属于技术侦查手段并不明确。假设网络在线提取电子数据是秘密性的，则形式上完全与提取通信数据技术侦查行为类似，理应受到技术侦查措施规制。倘若网络在线提取电子数据是公开的，则难以适用技术侦查手段予以规制。

五是看鉴定。根据《刑事诉讼法》第 146 条规定，为了查明案情，需要解决案件中某些专门性问题的时候，应当指派、聘请有专门知识的人进行鉴定。根据该条规定，鉴定对象是案件中的专门性问题。“专门性问题”这一术语极具概括性。到目前为止，鲜有法律明确“专门性问题”的内涵与外延。《电子数据证据规定》第 17 条规定，对电子数据涉及的专门性问题难以确定的，由司法鉴定机构出具鉴定意见，或者由公安部指定的机构出具报告。对于人民检察院直接受理的案件，也可以由最高人民检察院指定的机构出具报告。《取证规则》作出了类似规定，只是就具体适用程序作了细化。就此而言，电子数据鉴定可以将其纳入传统鉴定这一侦查措施。但以《取证规则》为代表的电子数据取证法律体系均未对此作出明

---

① 刘军：《技术侦查的法律控制——以权利保障为视角》，载《东方法学》2017 年第 6 期，第 27 页。

示，电子数据鉴定到底是单独的取证手段，抑或传统鉴定侦查行为在虚拟空间的特殊运用，不置可否。电子数据鉴定法律定位不准，势必影响司法实践的有效运用。

二、电子数据载体与电子数据相关关系混淆

电子数据载体与电子数据的区分经历了浑然一体到逐步区分的发展过程。尽管2012年修订的刑事诉讼法新增加“电子数据”种类，但对电子数据取证程序认识不一。立法者并没有严格区分电子数据载体与电子数据。《高检规则》将电子数据纳入搜查的范围，① 但却缺少针对电子数据的搜查规范。如该规则从第238条至第240条集中规定了对电子数据载体的搜查程序，有混淆电子数据载体与电子数据之嫌。《取证规则》明确其制定目的在于遵守法定程序，遵循有关技术标准，全面、客观、及时地收集、提取涉案电子数据，确保电子数据的真实、完整。这意味着电子数据载体与电子数据本身并非同一关系，对案件具有实质证明作用的是电子数据本身。此外，电子数据取证方式②亦可表明，电子数据是证明案件事实的核心，电子数据载体并非电子数据。

公安部关于《办理网络犯罪案件适用刑事诉讼程序若干问题的意见》（以下简称《网络犯罪案件意见》）明确电子数据的取证主体应为具有专业知识的两名以上侦查人员。《网络犯罪案件意见》对取证主体作了较为严格的限制，即侦查人员必须具有专业知识。但司法实务中此类侦查主体总量较少，难以满足司法实践需求。《电子数据证据规定》意识到上述规定的缺陷，将其修改为两名以上的侦查人员，删除了“专业技术”要求。但《电子数据证据规定》作此修改却忽略了电子数据取证的技术性特点。为此，《取证规则》进一步将其修改为：收集、提取电子数据，应当由二

① 《高检规则》第228条规定：进行搜查的人员，应当遵守纪律，服从指挥，文明执法，不得无故损坏搜查现场的物品，不得擅自扩大搜查对象和范围。对于查获的重要书证、物证、视听资料、电子数据及其放置、存储地点应当拍照，并且用文字说明有关情况，必要的时候可以录像。

② 《取证规则》第3条规定：电子数据取证包括但不限于：（1）收集、提取电子数据；（2）电子数据检查和侦查实验；（3）电子数据检验与鉴定。

名以上侦查人员进行。必要时，可以指派或者聘请专业技术人员在侦查人员主持下进行收集、提取电子数据。有必要指出的是，电子数据取证主体条文规定具有统领全文的作用，即在收集、提取电子数据时，都应该受到这一主体条件的限制。但问题是，电子数据载体搜查与电子数据提取属于不同对象，理应由不同主体分别进行搜查与提取。即电子数据载体的搜查应受到搜查规则的限制，而对电子数据须结合其技术性特征确定取证主体。上述法律规定没有明确搜查与取证主体势必会混淆两者之间的关系。

遵循上述思路，《取证规则》将电子数据载体与电子数据的收集、提取方法进行了统一规定。[①] 按照文意解释，“收集、提取电子数据”指向对象是存储于各种设备载体中的电子化数据，不包括电子数据存储设备。但上述条文明确将“扣押、封存原始存储介质”列为“收集、提取电子数据”的方法之一。实际上，“扣押、封存原始存储介质”只是收集、提取电子数据的准备工作，属于前提性工作，在此基础上方可进行下一步的“收集、提取电子数据”。实际上，立法者也看到“扣押、封存原始存储介质”与“收集、提取电子数据”具有质的不同，并将其单列一节，对相关程序予以规范。但遗憾的是，“扣押、封存原始存储介质”作为一节是在“收集、提取电子数据”章之下，体系安排上“扣押、封存原始存储介质”隶属于“收集、提取电子数据”的内容。

电子证据在形成、提取、展现、存储等环节中要借助计算机对信息进行编码、压缩、解码等各种技术，同时又得借助各种电子设备方能完成上述证据形成等的各环节。[②] 因此，刑事电子取证需要同时运用数字技术和电子技术，取证本身的技术复杂程度就远远超过了一般的物理证据。[③] 立法设置取证程序目的有二：一是保证取证的合法性；二是确保证据的真实性。尽管上述目的同等重要，但针对不同类型的证据，又有所区别。对于

---

① 《取证规则》第 7 条规定：收集、提取电子数据，可以根据案情需要采取以下一种或者几种措施、方法：（1）扣押、封存原始存储介质；（2）现场提取电子数据；（3）网络在线提取电子数据；（4）冻结电子数据；（5）调取电子数据。

② 周新：《刑事电子搜查程序规范之研究》，载《政治与法律》2016 年第 7 期，第 143 页。

③ 熊洁：《基于电子取证的分层次实验教学模式》，载《理论观察》2016 年第 2 期。

规范电子数据载体的取证程序侧重于合法性，而针对电子数据证据的取证程序则侧重于证据的真实性。电子数据本身的复杂性决定了相关程序宜围绕电子数据的技术特点展开，从而确保获得的电子数据符合证据的客观真实性要求。

三、惩罚犯罪与保障人权关系不清

惩罚犯罪与保障人权是刑事诉讼法中的一对重要范畴，但在偏重于惩罚犯罪的当下，对人权保障的强调与重视就变得格外重要。尽管以《取证规则》为代表的相关法律制度重视在电子数据取证中对人权的保障，但《电子数据证据规定》与《取证规则》依然透露出较强烈的惩罚犯罪的意识，部分重要规则未充分体现对个人私权利保护的精神。如《电子数据证据规定》第 8 条规定：收集、提取电子数据，能够扣押电子数据原始存储介质的，应当扣押、封存原始存储介质，并制作笔录，记录原始存储介质的封存状态。《取证规则》在强调扣押证据与犯罪的关联性基础上，基本沿用了上述表述。可以说上述规则确立了电子数据载体的“一并扣押原则”，即电子数据原始存储介质中如果包含涉嫌犯罪的证据，则无须对电子数据存储设备或电子数据进行切割区分，只需要对电子数据存储设备进行一并扣押即可。

司法实务中，对电子设备进行“一并扣押”体现在三个方面：一是对犯罪嫌疑人所有或使用的与犯罪有关的电子数据存储设备进行整体扣押；二是对犯罪嫌疑人所有电子设备进行扣押，包括台式、便携式计算机、iPad、手机等所有电子设备产品；三是对其配偶及其他近亲属单独或共同使用的相关电子数据存储设备进行一并扣押。毋庸置疑，“一并扣押”原则的确立有其客观原因——电子数据的不可分割性。但这并不意味着没有例外情形，当现有证据能够证明与犯罪相关的电子数据只存在于个别存储设备中时，就不应对嫌疑人其他电子设备进行扣押，更不能对其他无关人员的电子存储设备进行扣押。进一步而言，若有证据证明涉嫌犯罪的电子数据信息只存在于电子存储设备中的某个文件，且具备当场提取条件的，就不应对电子存储设备进行扣押。尽管《取证规则》明确了不予扣押现场提取电子数据的规定，但该规定全部是针对扣押原始存储介质有客观不便情形的，[①] 未涉及电子数据是否与犯罪有关的情形。

有必要指出的是，《取证规则》特别规定了勘验、检查电子数据手段。如根据《取证规则》第 27 条的规定，在特定情形下应当进行远程勘验。[②] 远程勘验是指通过网络对远程目标系统实施勘验，以提取、固定远程目标系统的状态和存留的电子数据。[③] 电子数据检查是指对扣押的原始存储介质或者提取的电子数据，需要通过数据恢复、破解、搜索、仿真、关联、统计、比对等方式，以进一步发现和提取与案件相关的线索和证据。[④] 可见，无论是勘验还是检查其目的均为收集相关电子证据，属于实质意义上的“搜查”。但与“搜查”需要履行严格的审批程序不同，勘验与检查均无须经过特定主体的批准。对关系公民重大权益的侦查程序以任意侦查方式进行凸显了惩罚犯罪目标的重要性，但忽视了刑事诉讼法的人权保障精神。如此，“以电子数据勘验、检查的方式进行补位本身就有待商榷，因为作为公民如此重要的宪法性权利的隐私权，在这样宽松、任意、低层级的审批面前显得微不足道。至于鉴定，也往往由侦查机关自行启动，很容易被诟病为自侦自鉴而缺乏公信力”。[⑤]

---

① 《取证规则》第 16 条规定：具有下列无法扣押原始存储介质情形之一的，可以现场提取电子数据：（1）原始存储介质不便封存的；（2）提取计算机内存数据、网络传输数据等不是存储在存储介质上的电子数据的；（3）案件情况紧急，不立即提取电子数据可能会造成电子数据灭失或者其他严重后果的；（4）关闭电子设备会导致重要信息系统停止服务的；（5）需通过现场提取电子数据排查可疑存储介质的；（6）正在运行的计算机信息系统功能或者应用程序关闭后，没有密码无法提取的；（7）其他无法扣押原始存储介质的情形。无法扣押原始存储介质的情形消失后，应当及时扣押、封存原始存储介质。

② 《取证规则》第 27 条规定：网络在线提取时需要进一步查明下列情形之一的，应当对远程计算机信息系统进行网络远程勘验：（1）需要分析、判断提取的电子数据范围的；（2）需要展示或者描述电子数据内容或者状态的；（3）需要在远程计算机信息系统中安装新的应用程序的；（4）需要通过勘验行为让远程计算机信息系统生成新的除正常运行数据外电子数据的；（5）需要收集远程计算机信息系统状态信息、系统架构、内部系统关系、文件目录结构、系统工作方式等电子数据相关信息的；（6）其他网络在线提取时需要进一步查明有关情况的情形。

③ 参见公安机关《检查规则》第 3 条的规定。

④ 参见《取证规则》第 43 条规定。

⑤ 胡铭、王林：《刑事案件中的电子取证：规则、实践及其完善——基于裁判文书的实证分析》，载《政法学刊》2017 年第 1 期，第 85 页。

四、境外数据取证与境内数据取证界限不明

以《电子数据证据规定》与《取证规则》为代表的电子数据取证规范均对境外取证作出了规定。但与境内取证相比，境外取证有其特殊性，境内数据取证规则难以适用于境外数据取证。境外取证规则稀缺，两者之间的规则适用界限不明。受电子数据的弱地域性特征影响，电子数据的全球化趋势日益增强。境外数据取证与国家主权密切相关，如何协调国家主权与打击犯罪之间的关系，已然成为困扰当代刑事司法实践的现实问题。如何规制数据流动，不同国家、地区基于本国政治、经济等因素考量，设置了不同的规则。美国强调数据的自由流通，为此创设了《澄清合法使用境外数据法》(Clarifying Lawful Overseas Use of Data Act)，根据该法，美国刑事执法部门可以要求特定电子通信服务者提供其控制之下的电子数据，而不管该电子数据存储地所在何处。这意味着，电子数据是否存在于美国境内，均不影响刑事执法机关直接取证，该法将传统的“数据存储地取证模式”修改为“数据控制者模式”。该法案适用具有双向性，但美国对请求国有资格进行审查。欧盟国家更加注重隐私权的保护，如《欧洲议会和欧洲理事会关于刑事犯罪电子证据的调取令和保全令的规定的提案》虽然规定了成员国可以基于刑事司法行为的需要，调取另一成员国的电子数据，无须考虑该电子数据存储地，但若数据信息涉及个人隐私，则根据隐私程度设置不同的数据流通限制规则。绝大多数发展中国家则强调电子数据本地存储，即对电子数据跨境专业设置限制。我国针对境内电子数据跨境转移基本采取了该模式。就刑事调查取证方面，2018 年通过的《国际刑事司法协助法》第 4 条第 3 款规定：“非经中华人民共和国主管机关同意，外国机构、组织和个人不得在中华人民共和国境内进行本法规定的刑事诉讼活动，中华人民共和国境内的机构、组织和个人不得向外国提供证据材料和本法规定的协助。”然而，电子数据的流通是不区分国家的，刑事电子跨境取证遭遇冲突成为必然。

尽管我国相关法律作出了电子数据境外取证相关规定，但过于原则。直接规范电子数据跨境取证总数量不超过 3 条，远远不能满足极为复杂的

跨境取证需求。《取证规则》对境外电子数据取证确立了类似美国的"长臂管辖权"①，可以直接在线提取境外国家、地区的电子数据信息。但对他国在我国境内是否有权直接获取电子数据尚不得知。根据《国际刑事司法协助法》规定，答案是否定的，除非得到我国的允许。即便是根据"长臂管辖权"原则，也需要更加细化的程序规范，以满足境外电子数据取证与境内电子数据取证关系的区分与协调。如需要在明确"电子数据服务提供者""提供服务""跨境"等基本概念基础之上，制定一系列的单向或双向跨境电子数据取证规则，明确通用于境外、境内电子数据取证通用规则与特别程序规则。

第四节　刑事电子数据取证的五点建议

一、取证人员的技术化

如前所述，电子数据具有明显的技术性特征。以《电子数据证据规则》与《取证规则》为代表的相关法律规范对电子数据取证规范的完善表现之一就是尊重电子数据的技术性特征，设置了大量的技术性取证规则。技术性规则成为电子数据的基础性规则，这对电子数据取证主体提出了基本要求：应该具备掌握电子数据相关知识。《取证规则》在此方面的规定过于保守。根据该规则规定，收集、提取电子数据，应当由二名以上侦查人员进行。必要时，可以指派或者聘请专业技术人员在侦查人员主持下进行收集、提取电子数据。这意味着，侦查人员是电子数据取证的主导力量，只有在"必要时"方可由专业技术人员在侦查人员的主持下进行收集、提取电子数据，但何为"必要时"并不清晰。相较于《取证规则》，

① "长臂管辖权"确立于美国的《澄清合法使用境外数据法》。根据该法一个国家可以直接获取其他主权国家存储的电子数据。

《电子数据证据规定》对取证主体的规定更为单一。根据该规定，电子数据取证主体只能是侦查人员。其理由是“随着信息网络技术的发展，收集、提取电子数据已经成为一项基础性、普遍性侦查工作。例如，过去公安机关内部通常由网络安全保卫部门负责收集、提取电子数据，但在越来越多类型的案件涉及电子数据的情况下，经侦、治安、刑侦、禁毒等警种甚至派出所都需要承担相应的电子数据收集、提取任务，电子数据取证呈现普及化趋势”。[①] 笔者认为，这一理由过于牵强，电子数据取证普及化源于电子产品使用的普及化，但这并不意味着侦查人员取证技术能力的提升具有普遍化，反而有可能随着电子技术的提高，取证主体相关技术能力会有所下降。这正如在依法治国的时代，法治成为每个人耳熟能详的名词，法治与每个人的生活息息相关，但这并不意味着每个人对法治的理解能力与运用能力会随之提高，反而因法律法规的大量出台而使得法律变得更为复杂，只有专业人员方有能力准确理解并运用之。

据此，未来立法有必要对取证人员技术性要求作出规范。对此无非有两种思路：一是取证主体依然单设为侦查人员，但需要对侦查人员进行技术培训，或者必须由具有电子数据取证知识的侦查人员担任电子数据取证工作；二是侦查主体与取证人员分离。侦查主体只能就电子数据原始存储介质进行搜查、封存与扣押，不能对电子数据进行提取，专业技术人员负责对电子数据的提取与分析。笔者更倾向于第二种思路。首先，第一种思路不太具有现实性，且难以确保取证的技术化，对电子数据的真实性产生负面影响。因为根据该思路，此类人员应属于复合型人才，既要精通专业技能，又要熟练掌握电子数据技术信息。实务中，此类人员甚少，虽然对其可以通过培训加强其电子数据取证技能，但培训效果难以保证，加之侦查人员的时间精力有限，难以成为专业技能人员。更为重要的是，随着网络技术的发展，电子数据基本知识变得更加复杂，分类更加细化，侦查人员在有限的时间内难以投入足够的时间与精力应对这一复杂的现实。即便

---

① 周加海、喻海松：《最高法院起草人权威解读〈提取审查电子数据规定〉》，http：//www.scxsls.com/fagui/135701.html. ［2018-4-6］／［2019-6-27］.

是持侦查人员单一说观点的立法者，也认为在“对于技术性强的取证活动，应尽量选派具有相关专业知识的侦查人员收集、提取电子数据，以更好地完成相关取证工作”。[①] 如果现有侦查人员缺乏相应的技术取证能力，这势必会阻碍侦查行为的顺利进行。其次，采用取证主体二元说更符合司法实践情况。相较于拥有专业技能侦查人员数量的匮乏，社会中拥有电子数据取证技能的人员数量庞大，技术含量高。完全可以满足司法实践的需求。最后，取证主体二元化有助于提高电子数据客观真实性，强化侦查行为的监督。囿于电子数据的技术化特征强的现实，司法实践中辩护方普遍遭遇辩护难题。尤其是当辩方质疑侦查人员取证方法影响电子数据客观真实性时，控辩双方争点加大，当法院采纳控方观点时，司法权威易受到质疑。这主要是因为取证侦查人员作为具有追诉利益的主体，对专业性要求高的电子数据取证行为难以驾驭，辩方对其专业技能存有“合理怀疑”。采用取证主体二元化，可有效消除辩方上述疑虑，技术人员的专业性可以确保电子数据证据的客观性与真实性，并在一定程度上对侦查人员的侦查取证行为形成技术层面的监督。法庭审判中，技术人员与侦查人员均可出庭说明取证情况，提高电子数据证据被采纳的可能性，提升控辩双方对电子证据的接受度，从而提升司法判决的权威性。

二、取证行为的侦查化

如前所述，《电子数据证据规定》与《取证规则》均未明确电子数据证据取证行为与侦查行为之间的关系。证据应具有合法性，包括证据的取证主体与取证程序合法。取证主体与取证程序的合法性均源于刑事立案开启后侦查行为的合法化。换言之，在侦查阶段，获取证据的唯一合法途径就是侦查。电子数据证据的获取当然也不例外地受到侦查行为的限制，即侦查阶段电子数据取证行为只能来源于侦查行为。但遗憾的是，《电子数据证据规定》与《取证规则》使用电子数据取证代替侦查。若不能将电子

① 周加海、喻海松：《最高法院起草人权威解读〈提取审查电子数据规定〉》，http：//www. scxsls. com/fagui/135701. html. ［2018-4-6］／［2019-6-27］.

取证行为纳入侦查行为势必会使得电子数据证据的合法性遭受质疑。此外，《电子数据证据规定》与《取证规则》也不可能在侦查行为之外再创设侦查行为，如此有必要将电子数据取证行为细化为具体的侦查行为，以明确其法律地位，并予以规范之。

电子数据取证的主要手段是搜查与扣押。其取证程序自然应受到搜查规则的限制，但囿于电子数据的特殊性，立法宜为电子数据搜查设置必要的特殊规则。英国早在 1984 年就对电子数据的搜查、扣押作出了特别规定。如《警察与刑事证据法》第 19 条第 4 款规定：“对于存储于计算机之中且在该场所里即可获取的任何信息，警察如果有合理的理由相信，该信息是与其正在侦查的某一犯罪或其他任何犯罪有关的证据，或者是因为实施某一犯罪而取得的证据，并且对于防止该证据被藏匿、遗失、损坏或者毁灭确有必要，可以要求将其制作成有形且可读的、能被带走的形式，予以扣押。”① 美国也较早地对电子数据证据搜查作出明确规定。② 此外，德国、意大利、俄罗斯、韩国等国家均在各国刑事诉讼法及相关法律中对电子数据搜查、扣押有关问题作出明确规定。③ 与传统物理证据不同，电子数据证据存在形式具有特殊性，需要对其载体与电子数据本身进行二次搜查、扣押。未来立法有必要为电子数据搜查、扣押设置单独的“二次搜查、扣押”规则。对电子数据原始存储介质的搜查与扣押只需要按照物理证据搜查、扣押规则进行即可，但对电子数据的搜查与扣押则需要构建有针对性的规则，具体可以借鉴《电子数据证据规定》与《取证规则》中相关程序规则，但需要对取证主体、取证程序作出相应改变。

---

① 参见英国《1984 年警察与刑事证据法》，陈瑞华等译，载中国政法大学刑事法律研究中心编译《英国刑事诉讼法（选编）》，中国政法大学出版社 2001 年版，第 266 页。

② 参见李荣耕：《电磁数据的搜索及扣押》，载《台大法学论丛》2012 年第 3 期，第 1060-1064 页。

③ 具体可参见德国《刑事诉讼法典》，宗玉琨译注，知识产权出版社 2013 年版，第 76 页；意大利《刑事诉讼法典》，黄风译，载《世界各国刑事诉讼法》编辑委员会编译《世界各国刑事诉讼法・欧洲卷（下）》，检察出版社 2016 年版，第 1664 页；俄罗斯《刑事诉讼法典》第 186-1 条，赵路译，《世界各国刑事诉讼法》编辑委员会编译，《世界各国刑事诉讼法・欧洲卷（上）》，检察出版社 2016 年版，第 447 页；韩尚勋：《韩国刑事诉讼法上扣押搜查的令状主义和电子证据的证据能力》，金玫译，载《私法》2016 年第 1 期，第 72 页。

将电子数据冻结纳入冻结范畴。传统冻结对象限于虚拟财产，不包括电子数据冻结。基于电子数据易变性特征，采用冻结手段可以有效固定证据。为此，有必要将传统冻结对象由虚拟财产扩张为电子数据，构建完善统一的冻结规则。此外，《电子数据证据规定》与《取证规则》明确在线提取电子数据取证行为。首先需要明确的是，在线提取电子数据并非取证行为的创新，其本质依然是对电子数据的搜查与扣押，但需要区分电子数据的存在状态。如果取证对象是静态电子数据则只需要遵守“二次搜查、扣押”规则即可，如果提取对象是诸如通话数据等动态电子数据，则需要将其纳入技术侦查范畴。如此，可将技术侦查程序相应规范应用于在线提取动态电子数据。其次在线提取电子数据可能会涉及电子数据范围问题，惩罚犯罪与保障人权的冲突更加明显，未来立法有必要针对在线提取电子数据范围进行界定，尤其是因在线提取电子数据中的勘验行为导致他人隐私权受到侵害的，受害人应该有权利与有效途径进行救济。电子数据鉴定遵循鉴定规则即可，但因电子数据的特殊性，未来立法有必要对鉴定程序作出相应改变。

三、取证规范的国际化

与传统犯罪相比，现代犯罪的网络化特征更为明显。该特征主要表现为以下两个方面：一是传统犯罪借助网络实施；二是新型网络空间内的犯罪。随着网络技术的发展，网络犯罪总量呈几何级增长。与传统犯罪受物理空间影响不同，网络犯罪的空间不再受到限制，国际性特征明显。2019年联合国网络犯罪政府专家组第五次会议的主要议题之一就是将跨境电子数据取证和刑事司法协助列为网络犯罪治理重要课题。[①] 目前电子数据跨境取证法律依据主要是《中华人民共和国刑事司法协助法》（以下简称《刑事司法协助法》）。该法在第 4 章调查取证中第 25 条中单设一项，就“获取并提供有关文件、记录、电子数据和物品”向外国提出请求。但关

① 裴炜：《未来犯罪治理的关键：跨境数据取证》，载《中国信息安全》2019 年第 5 期，第 35 页。

于如何提取电子数据及相应程序规则缺失。该法只是就境外电子数据取证作出了原则性规定，可操作性较差。《刑事司法协助法》粗疏的规定有其客观原因，一方面，跨境电子数据取证很有可能成为未来侦查取证的常态，这使得相关法律不得不作出相关规定；另一方面，传统理论上，刑事取证行为属于国家主权的重要组成部分，任何一个国家都无权在他国直接行使侦查权。电子数据的高分散性与弱地域性特征使得现有立法采取了上述原则性规定模式。但此种立法模式的宣示意义高于操作价值。《电子数据证据规定》在此方面作出了实质性探索，明确“对于原始存储介质位于境外的，可以通过网络在线提取”。但这一大胆尝试遭到了上述传统理论观点的猛烈抨击，他们认为此法律条文突破了国家主权限制，是对他国主权的侵犯与亵渎。《取证规则》迫于压力将其修改为“对境外在线提取的对象限于公开的电子数据”。但何为公开的电子数据，仍然难以界定。

传统刑事司法协助中的跨境取证建立于被请求国对被取证对象有控制力为前提。电子数据的弱地域性使得电子数据存储与电子数据控制发生分离。电子数据跨境取证中的被请求国即使是电子数据存储所在地，但也可能对电子数据缺乏控制能力，尤其是随着个人隐私权与数据信息权保护观念的强化，数据存储与控制权分离的特征更加明显。以《刑事司法协助法》为代表的原则式立法难以满足电子数据跨境取证实践需求。未来立法有必要以区分“公开电子数据”与“非公开电子数据”为基础，构建完善的电子数据跨境取证制度。首先，对于“公开电子数据”取证宜以明确“公开电子数据”概念为前提，构建相应取证规则。顾名思义，“公开电子数据”是指在全球范围内，能够为不特定公民任意获取的电子数据信息，但被非法泄露的信息除外。其次，对于“公开电子数据”取证程序可以采行《取证规则》确立的规则，采用在线提取方式予以取证，不需要经过所在国家的许可。对于“非公开电子数据”需要与他国构建较详细的取证程序。考虑到电子数据毁损、变化的快速性，需要对非公开电子数据进行“固定保全”与“提供”二阶段式划分。在请求国向被请求国发出请求时，被请求国应对电子数据信息进行“固定保全”，待其他相关程序完成后，再行“提供”电子数据证据。

四、取证范围的明确化

与传统证据的外显化不同，电子数据信息具有不可分割性与隐秘性特点。取证人员难以在短时间内清晰地判断出存储于存储介质中的何种电子数据对案件证明有关。也正是基于此，《取证规则》构建了“一并扣押原则”。但不能否认，“一并扣押原则”在给侦查带来便利的同时极有可能不适当地扩大取证范围，侵犯他人合法权益。根据明确化程度不同，取证范围的明确化又可区分为两种情形：一是界限分明式的明确；二是权衡式的明确。界限分明式的明确是指立法明确取证的范围，侦查人员不享有取证范围的自由裁量或权衡的权限。权衡式明确是指赋予取证人员一定的自由裁量权，根据实际情况权衡电子数据取证范围。受制于电子数据变化性、隐秘性、不可分割性等特点，第一种情形中的明确化颇有难度，立法者难以对海量且极为复杂的电子数据信息作出清晰的取证范围的划定，可操作性不强。权衡式明确化更为务实，可操作性程度更强。但为防止“权衡”异化为千篇一律式的“一并扣押”，应该明确“权衡”的依据，即取证主体须有相应证据证明所搜查、扣押的电子数据信息与案件事实相关。反之，侦查取证人员就不能搜查、扣押相关电子数据证据。

如前所述，电子数据取证对象具有二次性特征，立法对电子数据存储介质的搜查范围与对象的明确无非是基于对平衡惩罚犯罪与保障人权关系的考量。同理，针对电子数据本身的搜查范围与对象亦应明确化。因为相较于电子数据存储介质，电子数据信息的隐私性更强，侵犯他人权益的可能性更大。基于此，搜查、扣押电子数据范围应予以明确，侦查机关搜查、扣押的电子数据应与案件具有特定关系。如果侦查机关在查办一起网络诈骗案件，则侦查机关搜查、扣押的电子数据信息应只限于与诈骗案件相关的电子数据；如果所扣押的电子存储介质中还涉及其他案件线索或信息，则侦查人员无权直接就相关电子数据进行搜查、扣押。此外，考虑到取证人员无法就电子数据与案件的关联性程度作出精准判断，但为防止取证人员不适当使用“一并扣押”原则，赋予取证人员一定的有限制性的自由裁量权，即侦查人员在搜查电子数据时，应负有描述电子数据与案件事实关联性的义务。即“当搜查的合理根据（Probable cause）全部或部分与电脑中存储的信息，而不是电脑本身有关时……应当对该信息进行特定，关注的重点在于相关文件的内容，而非可能存储文件的电子设备”。“应当描述证据是什么，并且要求无论证据以什么形式存在（包括电子形式，including digital），都有权扣押。”[①] 但当取证人员无法判断某项电子数据是否与待侦查的案件有关，但又不能完全排除时，侦查人员只能针对该电子数据进行额外的搜查证申请，再行搜查该电子数据。如此，方能将电子数据证据的搜查与扣押纳入制度化的法治轨道。

五、取证程序的精细化

取证程序的精细化是法治原则精神的体现与基本要求，未来立法有必要对电子数据取证程序从以下四个方面进行细化。

首先，构建取证程序的二分法原则。《电子数据证据规定》与《取证规则》在不同程度上加强了电子数据取证程序规范。《电子数据证据规定》侧重于技术性规则，《取证规则》侧重于法治程序规则。但纵观相关规制电子数据程序规定仍有待完善。电子数据搜查的二次性特征亦要求我们构建起分类基础之上的搜查、扣押程序。在国外，电子数据存储介质与电子数据之间的关系被喻为“容器”与“容器内物品”的关系。搜查容器本身不是目的，“容器内的物品”才是搜查的重点。正如侵犯财产犯罪中的箱包规则，行为人占有他人委托管理的箱包，构成侵占罪，但若打开该箱包，取走箱包里面财产的，构成盗窃罪。盗窃罪社会危害性一般重于侵占罪，其根本原因是占有箱包本身并未对被害人的财产造成实质性的侵害，仍具有挽回损失的可能性，但占有箱包内的财产行为会在真正意义上侵犯他人合法权益。同理，针对电子数据本身的搜查行为才是真正对相关当事人的权利造成侵害，故必须在区分存储介质与电子数据信息的基础上，构建起有针对性的电子数据取证程序。

其次，明确模糊性术语含义。取证程序主要关涉电子数据证据的真实

---

① 陈永生：《电子数据搜查、扣押的法律规制》，载《现代法学》2014 年第 5 期，第 116 页。

性与合法性问题。《电子数据证据规定》与《取证规则》规定了一定数量的真实性规则，但存在一些模糊性术语。如封存原始存储介质目的是确保电子数据的真实性，《取证规则》对封存的程序作了较为详细的规定，要求封存前后对电子设备进行拍摄照片。电子设备种类繁多，若所拍摄的电子设备外部照片不足以证明电子设备的真实性或者无法保证电子数据信息的真实性的，需要拍摄内部存储介质细节。《取证规则》对此只是要求“必要时”拍摄“内部存储介质细节”，何为必要时及拍摄的基本要求与程序为何，依然缺乏规定。未来立法有必要进一步细化该程序。

再次，确立专业见证人制度。见证人是确保搜查、扣押程序合法性的重要保障。但与传统证据收集、扣押不同，无论是原始存储介质还是电子数据在线提取等都充满了专业性。普通人因缺乏专业知识而导致见证能力不足，无法对扣押原始存储介质及提取电子数据行为进行有效监督。基于此，有必要构建有针对性的见证人制度。对电子原始存储介质的扣押，尤其是对电子数据的提取过程，必须由有相应专业知识的人员进行见证。

最后，完善救济程序。《电子数据证据规定》与《取证规则》虽然重视对电子数据所有者的权利保护，设置了相应的知情权等，但纵观相关规定，缺乏对其权利遭受侵害后的救济性规定。如，《取证规则》只规定了扣押、封存原始存储介质、在线提取电子数据、冻结电子数据、检查电子数据及电子数据侦查实验等取证行为，未对在上述取证行为给当事人造成损害的如何予以救济作出规定。未来立法有必要在明确当事人知情权基础上，构建当事人权利救济程序。尤其是在侦查机关采用非法技术手段收集电子数据时，当事人有权向以检察机关为代表的法律监督机关进行控告。

第四章　动态与静态电子数据证据分类与取证规则

刑事证据种类与分类不同。刑事证据种类由立法规定，刑事证据分类是根据不同标准进行学理类型划分。“证据分类是指按照不同的标准，从不同的角度对证据所作的理论分类。”[①] 证据种类具有法定性、固定性特征，证据分类则具非法定性、灵活性特点。目前世界各国均有对刑事证据进行分类的情况。俄罗斯将证据区分为人证与物证、原始证据与派生证据、有罪证据与无罪证据、直接证据与间接证据。[②] 日本将刑事证据区分为供述证据与非供述证据、直接证据与间接证据等。[③] 德国将证据区分为主证与反证、直接证据与间接证据。[④] 英国则将证据区分为原始证据与传闻证据、直接证据与间接证据、第一位证据与第二位证据、证人证言与书面证据等。[⑤] 美国则倾向于将证据区分为直接证据与间接证据。[⑥] 我国台湾

---

① 宋英辉、汤维建主编：《我国证据制度的理论与实践》，中国人民公安大学出版社 2006 年版，第 132 页。

② 参见［俄］K. 古岑科主编：《俄罗斯刑事诉讼法教程》，黄道秀、崔熳、丛凤玲译，中国人民公安大学出版社 2007 年版，第 206 页。

③ 参见［日］田口守一：《刑事诉讼法》，刘迪、张凌、穆津译，卞建林审校，法律出版社 2000 年版，第 218-219 页。

④ 参见何家弘：《外国证据法》，法律出版社 2003 年版，第 402-403 页。

⑤ 参见何家弘：《外国证据法》，法律出版社 2003 年版，第 402-403 页。

⑥ 参见宋英辉、孙长永、朴宗根：《外国刑事诉讼法》，北京大学出版社 2011 年版，第 104 页。

地区则将证据区分为人证与物证、直接证据与间接证据、辅助证据等。[①]我国大陆地区较为一致的意见认为，可以将证据区分为直接证据与间接证据、原始证据与传来证据、人证与物证、有罪证据与无罪证据（有利于被告人的证据与不利于被告人的证据）。

从各国证据分类可以看出，世界范围内并没有统一的证据分类标准。各国根据实际情况进行证据分类，相对自由灵活。但上述证据分类标准主要围绕证明力展开。如人证与物证区分的意义主要是人证与物证的生成特点有所区别，根据其特点，刑事司法主体应作相应的司法审查，确保证据的真实性与合法性。直接证据与间接证据的区分同样如此，顾名思义，直接证据是能够直接证明案件事实的证据，证明力一般强于间接证据。同理，其他诸如第一位证据与第二位证据的区分、主证与反证的区别均围绕刑事证明大小、强弱展开，以确定后续质证与认证方式。刑事证明固然重要，但其只是刑事证据制度理论中的重要一环，除证明之外，刑事证据能力规则制度同样重要。刑事证据能力规则功能多元，其既是刑事证明力重要保障，又是刑事证据合法性与否的重要判断标准。以此为出发点，对证据进行其他类型的划分就有了必要性。刑事证据的合法性与刑事证据取证程序密切相关，故有必要以此为据探索新的证据分类。

第一节　动态与静态电子数据证据分类依据

纵观世界各国证据分类绝大多数进行了二分法，如直接证据与间接证据、原始证据与传来证据、有利于被告人的证据与不利于被告人的证据。上述非此即彼的二分法优势在于能方便地对证据进行归类，从而作为案件事实的重要支撑。对证据进行界限分明的二分法划分源于各诉讼主体对主观诉求事实成立的强烈表达，但其弊端不容忽视。

---

① 参见林钰雄：《刑事诉讼法》（上册），中国人民大学出版社2005年版，第357-358页。

一、传统二分法弊端

传统二分法将证据进行界限分明的划分，从静态逻辑上看似周延，但经不起动态的实质性考察。任何静态意义上的证据对案件事实的发现、案件的处理都不会产生实质性的作用。这如同实体法，若没有司法主体根据特定程序将案件纳入刑事诉讼流程，刑法只是静态的法条，与案件没有必然的联系。刑事诉讼程序是动态、发展的，静态的证据只有转化为动态的证据方能对认定案件事实起到证明的作用。换言之，证据的过程性与发展性是刑事证据的重要内涵之一。传统对证据的二分法划分大多数是站在静态意义上看待证据，无疑是有局限的。

更为重要的是，传统非此即彼的二分法不承认两类证据之间的灰色地带，这会给认定案件事实带来困难。如直接证据与间接证据是目前学界对证据分类较为一致的做法。“所谓直接证据，就是指能够单独、直接证明案件主要事实的证据。而间接证据是指不能单独直接证明，而需要与其他证据结合才能证明案件主要事实的证据。”① 持此类观点的学者一般认为，“直接证据单独与主要案件事实发生证明关系，不需要依靠和借助其他证据，能够单独构成一个完整的证明系统或证明链条”，“间接证据必须形成一个完整的证据链条才能起到证明作用”。② 按照该观点，似乎直接证据就能够证明案件的主要事实，但回归到案件，任何单独一项证据都难以证明主要案件事实。如证人声称目睹了整个犯罪现场，看见张三杀死了李四。在没有其他证据的情况下，该事实难以成立。为确保案件事实的准确性与可靠性，我国刑事诉讼法中确立了“孤证不能定案”的原则。该原则同样说明，即使有直接证据，也未必能够证明案件的主要事实。任何案件事实都依赖于其他若干证据予以证明，形成证据链是直接证据与间接证据都应遵守的证明标准。

静态意义上的证据不会主动证明案件事实。证据与案件事实之间的关

---

① 樊崇义：《证据法学》，法律出版社 2007 年版，第 227 页。

② 孙彩虹：《证据法学》，中国政法大学出版社 2008 年版，第 114-115 页。

系必须经过人的主观能动性的发挥才能被发现、挖掘。各国刑事诉讼法大都规定，证据必须经过查证属实方能成为定案的根据。即便是直接证据，也必须由司法主体对证据的附随信息进行审查判断，综合判定该证据的证明力大小与强弱。以至于有人认为，查明证据依赖于外界的环境比证据本身所体现的内容更加重要。[①] 传统二元化划分方法尽管给司法审查、认定证据带来便利，但也极易诱导司法主体形成路径依赖，主观地认为某类证据的证明力一定会大于另一类证据，从而形成偏颇认识。如在直接证据与间接证据区分中，包括司法主体在内的绝大多数人更倾向于相信直接证据的证明力。直接证据多数是言词证据，以证人证言居多，言词证据具有明显的虚假性、变动性特点，但在直接证据与间接证据二分法的诱导下，人们过于看重直接证据的证明力，忽视了其作为言词证据虚假、易变性的特点。"美国联邦最高法院在判决中指出，误判的因素极为复杂，但证人指认错误为最主要原因；若细分误判的原因，证人指证错误的单项因素，较其他误判的总和还多。以具体数字为证明，1932 年曾有一项调查显示，65 件无辜者被误判有罪的案件，有 29 件归因于证人的指证错误；1988 年的调查显示，无罪误判为有罪的案件中，52%归因于证人的指证错误。"[②]

随着互联网科学技术的发展，介于传统二分法之间的证据越来越多，如传统分类将证据区分为物证与人证。但对于视听资料与电子数据证据归于何类难以确定？尤其是电子数据类型繁多，很难将电子数据证据直接认定为物证或者人证，凸显传统二分法分类周延性不足问题。也正是因为证据分类的不科学性，英美法系国家更倾向于不固定证据的种类。例如，《加利福尼亚州证据法典》第 140 条规定：证据是指被提供用以证明某一事实存在或者不存在的证言、文书、物品或其他可感知物。[③] 证据分类是建立在证据种类基础之上的。证据种类的法定化决定了证据分类外延边界。即法定种类越少，其分类外延越窄，反之其分类外延越广。当然这与

① David A. Schum, Evidence and Inference for the Intelligence Analyst, (vol. I), by University Press of America (1987), p. 65.

② 王兆鹏：《美国刑事诉讼法》，北京大学出版社 2005 年版，第 427 页。

③ 何家弘：《外国证据法》，法律出版社 2003 年版，第 173 页。

法律文化传统有着密切的关系。我国是成文法系国家，法律条文建立于各种概念基础之上，成文法的优势是法律具有明确性，对司法的自由裁量权起到了较好的约束作用，但其弊端也甚为明显，其具有滞后性，难以与社会发展保持同步。过多的概念易限缩立法与司法适用空间。实际上，概念认知与非概念认知都可达到同样的效果。如对苹果可以作出一个概念，不掌握概念就很难知道什么是苹果。但我们同样可以通过苹果的外在形象、色味等的描述感知何为苹果。证据的重心是证据能力与证明力，证明力只是证据制度中的一个环节且无法通过过多的规则予以规制。现代审判中的自由心证原则更多地是针对证明力，这要求证据分类中不宜围绕证明作过多分类，或者证据分类宜转向或关注证据能力。

二、动静二分法依据

动态与静态是证据本身属性之一，区分静态证据与动态证据具有以下两个方面的依据：一是因是否被纳入刑事诉讼视野而区分为静态证据与动态证据。根据我国刑事诉讼法规定，所有能够证明案件事实的材料都是证据，上述材料只有经过审查判断方能作为定案的根据。可见，证据与定案根据是不同的，证据的范围远广于定案根据。证据随着案件事实发生而出现，具有客观性与必然性。换言之，尽管某些刑事案件没有被发现，但其所产生的证据依然存在，该类证据即静态证据。从规范意义上看，“静态证据是指按照法律规定，符合法定的证据种类，没有与其他证据或案件事实发生关联，处于相对静止状态，在诉讼中还没有发挥实际证明作用的证据材料”。[①] 静态证据的本质是因其没有进入刑事诉讼视野，其证据材料尚未被特定的公安司法机关主体予以提取，其与案件事实的关联性有无、大小强弱等尚未得到规范判断。而当静态证据被纳入刑事诉讼法视野，公安司法机关开始对证据提取分析、质证及认证等时，静态的证据就转化为动态证据。据此，“动态证据是指符合法定的证据种类，经过法定的勘验检查、辨认、鉴定、质证等程序，与其他证据或案件事实发生关联，能够对

① 李富成：《刑事证据分类新探》，载《中国刑事法杂志》2013年第3期，第91页。

案件事实起到实际的证明作用”。[①] 动态证据的核心是取证、质证与认证的过程。静态证据只有转化为动态证据，该证据对案件事实方能产生证明作用。换言之，证据的证明价值是通过动态证据而产生的，静态证据是动态证据的基础，而动态证据则是静态证据的转化与升华的结果。

此外，根据证据自身发展变化过程亦可将证据区分为静态证据与动态证据。一般而言，随着犯罪行为的结束，证据材料即可生成，该类证据属于静态意义上的证据。就此而言，犯罪行为产生后的证据绝大多数属于静态证据。但当犯罪行为正在进行过程中，证据会随着犯罪行为的变化而变化，此时的证据形式与内容都处于变动状态，属于典型意义上的动态证据。囿于传统犯罪绝大多数发生于物理空间，加之侦查犯罪手段的落后，收集提取的对象绝大多数是静态证据。但随着科学技术的发展，犯罪行为手段与侦查手段均发生了重大改变。以互联网、计算机等为对象的新型犯罪及通过网络实施的传统犯罪已经进入公众视野。网络犯罪正成为互联网的“达摩克利斯之剑”。《2018 年数据泄露水平指数》调查报告显示，43%的企业在过去 12 个月内沦为了数据泄露事件的受害者。在美国加利福尼亚州，仅通过网络犯罪造成的损失成本就已超过 2.14 亿美元。2017 年每天有 780，000 条数据被泄露，Cybersecurity Ventures 在其《2017 年网络犯罪报告》中预测称，网络犯罪成本到 2021 年可能高达 6 万亿美元。据悉，2015 年全球网络犯罪的年成本为 3 万亿美元。[②] 不同于传统犯罪，网络犯罪具有极强的隐蔽性，侦查取证成本高，效果低。传统以静态证据为对象的被动式取证难以应对日益猖獗的网络犯罪。目前包括以英美等为代表的法治发达国家，针对严重的网络犯罪已经作出由被动侦查到主动侦查的战略转变，实现侦查手段与犯罪行为的同步，由原先的静态证据调查转变为动态证据拦截，相应地，数据拦截法律规范也进一步得到完善。我国传统以规制静态证据提取为主体的法律规范亦应针对网络犯罪作出适时转变，构建以规制动态证据拦截相适应的法律制度。

---

① 李富成：《刑事证据分类新探》，载《中国刑事法杂志》2013 年第 3 期，第 92 页。

② http：//netsecurity. 51cto. com/art/201810/585374. htm. ［2018-4-1］.

第二节　动态与静态电子数据证据分类价值

"分类是一种把握事物共性同时辨识事物特性的逻辑手段。分类不仅能使人的认识条理化，而且能实现处置上的目的性与有效性。"① 将电子数据证据区分为静态与动态是基于对电子数据属性的把握与认识，且有着极其重要的价值。

一、凸显证据的关联性

证据的关联性是证据三性中的基础特征，其既是证据能力规则也是证明力规则。没有关联性的证据不可能进入刑事诉讼视野，更不会成为定案的根据。立法者出台了大量立法与司法解释对司法主体审查证据的关联性提供指引，但如何认定证据的关联性依然困扰着司法实务人员。

静态与动态电子数据证据分类意在强化司法主体对证据关联性特征的认识，督促公安司法主体对相关证据与案件事实进行通盘考虑。证据本质上就是一种关系，此种关系只有在证据与证据之间的相关联系中方能体现。单个证据无法体现其自身价值，孤立地看待单个证据，无法获得所谓的案件事实。② 相关研究成果表明，对任何单个证据证明力的判断都离不开对所有证据的通盘考虑，单个证据只有在与其他证据有关系才能体现其自身意义。脱离案件背景与其他证据关系的孤立证据缺乏实际价值。③ 这意味着，任何静态电子数据证据都必须经过与其他证据发生关联方能对案件事实起到证明作用。换言之，静态电子数据证据价值需要借助动态电子

---

① 龙宗智：《证据分类制度及其改革》，载《法学研究》2005 年第 5 期，第 86 页。

② Bentham, Rational of Judicial Evidence, (Vol. vi) Works of Jeremy Bentham, by Thoemmes Press 1995, p. 10.

③ Nancy Pennington & Reid Hastie, A Cognitive Theory of Juror Decision Making: The Story Model, 13Cardozo Law Review (1991), p. 519.

数据证据的转化方能予以实现。动态电子数据证据的核心是数据证据之间的关联关系的审查与判断。《电子数据证据规定》对电子数据证据的真实性、合法性及关联性的审查判断均作出了明确规定。如《电子数据证据规定》第25条规定，认定犯罪嫌疑人、被告人的网络身份与现实身份的同一性，可以通过核查相关IP地址、网络活动记录、上网终端归属、相关证人证言以及犯罪嫌疑人、被告人供述和辩解等进行综合判断。认定犯罪嫌疑人、被告人与存储介质的关联性，可以通过核查相关证人证言以及犯罪嫌疑人、被告人供述和辩解等进行综合判断。上述证据的审查判断实质就是对各项单个证据进行动态比较关联的过程。静态的电子数据证据本身不会自动证明案件事实，互动中的电子数据证据方能呈现案件事实。

此外，电子数据证据的动态性还体现在电子数据证据在不断的发展变化中。电子数据证据生成、发展乃至消失都是一个动态的过程。该过程中的电子数据证据形式与内容都是不断发生变化的，变化中的电子数据证据对案件事实的证明作用也会随之发生变化，而何种阶段、何种形式的电子数据更有利于查明或证明案件事实，则需要公安司法主体进行及时的审查判断。尤其是拦截动态中的电子数据证据，对拦截中的电子数据进行及时筛选，并根据其对案件事实证明关系的有无与强弱进行及时判断与处理相关电子数据证据。静态与动态电子数据证据的分类有助于强化司法者对证据关联性的关注，重视将静态电子数据证据转化为动态电子数据证据，重视静态与动态电子数据证据转化过程、转化方式与转化频率。静态与动态电子数据证据观念的强化有助于司法者形成最佳证据审查规则观念，将传统固化的证据审查判断方式予以灵活化，不断突破传统审查判断思路，创造性地运用审查判断规则，确立循证审查规则。

二、确立循证审查规则

循证是指遵循证据的意思，即方法的选择并非依赖于传统的经验或权威，而是根据现有的证据证明何种方法最有效而予以确定方法。对于证据的审查判断而言，就是要求公安司法主体对证据的审查判断方法根据案件具体情况的需要，围绕证据的真实性、关联性与合法性进行审查方法的最佳选择。

根据刑事诉讼法规定，任何证据若要作为定案的根据，必须经过严格的审查判断。该审查判断具有两层含义：一是对单个证据的审查判断。单个证据的审查判断过程也是由静态电子数据证据到动态电子数据证据转化的过程。单个证据是否有证据能力与证明力及证明力大小等都需要司法主体根据案件的附随情况进行综合性判断。可以认为，单个证据与案件附随信息的互动关系、互动角度、互动频率都将对证据能力尤其是证明力产生重大影响。司法主体对单个证据的审查过程也是了解微观案件事实的过程，在这一过程中，要求司法主体必须认真、细致、负责地认真核实每一项证据，至少应该从多个角度而非单一角度认识审查该证据，并尽可能联系案件的附随信息进行审查判断。二是对多个证据之间的联动审查。如果说对单个证据的审查判断是了解微观事实的必经过程，那么对多个证据之间的互动关系进行审查就是了解宏观事实架构的必经途径。司法主体对多个证据之间的审查判断更需要进行高频率、多视角的观察与推理，证据与证据之间、证据与案件事实之间如何排列组合能够最佳还原案件事实是司法主体必须予以考虑的因素。

以《电子数据证据规定》为代表的相关法律对电子数据证据的审查判断作出了诸多规定，但其规定主要集中于审查的对象或内容，就其审查的方法规定较少。实际上，任何法律或司法解释都无法就证据的审查判断方法进行穷尽式的列举。因为每个案件事实与相关证据的搭配关系都是不一样的，尤其是在电子数据证据中，因其本身存在动态变化特征，使用何种审查方法审查电子数据证据无法予以固定。这需要司法主体结合具体案件进行最佳审查判断方法的选取。除审查判断方法之外，法官对案件的最终判决也断然离不开对证据与案件事实关联性等所作的综合性的法律判断。法官对客观事实加以法律评判的活动，被称为“涵摄”过程，它广泛地存在于判决的形成以及论证的程序中。所谓涵摄，就是在特定的事实构成要件与具体的事实之间建立联系的思维过程。① 这一思维过程充满了推理，推理凸显其动态性特征。不同的法官使用不同的推理方法，很可能得出的

---

① 参见［德］魏德士：《法理学》，丁晓春、吴越译，法律出版社2005年版，第295页。

结论是有差异的。案件事实只有一个，如何才能更加接近案件事实真相，需要对“涵摄”过程与方法进行最佳选取，从而确保结论的准确性与客观性。这意味着，证据之间、证据与案件事实之间的逻辑关系判断路径并非唯一的，需要结合案件的具体情况进行多途径判断，并在多种途径中选择最佳路径。而何为最佳需要相应证据支持，即有相关证据能够证明该种思路或路径是最优的。此种最佳途径的寻找与判断过程其实就是多种途径判断案件的比较过程，此为循证。构建循证审查判断规则有助于摒弃固化的审查判断思路，打破习惯性思维，[①] 寻找最佳审查判断证据思路，从而还原案件事实真相。

第三节 动态与静态电子数据证据取证规则

静态与动态电子数据证据的区分对构建取证规则有着重要的意义，因为差异化的取证技术要求构建合理的取证规则以适应不同类型的电子数据证据方能应对大数据背景下平衡惩罚犯罪与保障人权之间的关系。

一、静态电子数据证据的搜查扣押规则

静态电子数据证据是指“数字化信息处理、储存、输出设备中存储、处理、输出的证据”。[②] 该类型的电子数据证据最明显的特征是固定于相关

① 如从间接证据的角度看，学者习惯以线性联系描述间接证据与案件主要事实的关系。间接证据 E1 首先证明某一间接事实 F1 存在，然后由 F1 再经过推理推知另一个间接事实 F2 存在，此后可能还会经历若干进一步的推理环节最终推知主要事实 F 存在。即 E1→F1→F2……F。比如，在一起凶杀案发生后，警察在犯罪现场找到了嫌疑人甲的指纹（E1）。从 E1 可以推知事实“甲曾经到过犯罪现场（F1）”，再由 F1 可以推出主要案件事实“甲实施了犯罪行为（F）”。不能否认，在这种情况下从证据 E1 到主要事实 F 确需经过两次以上推理。但是，这种线性联系仅是间接事实与主要事实联系的一种最为简单的形式。除此之外，不能排除存在其他联系形式的可能性。纪格非：《“直接证据”真的存在吗？对直接证据与间接证据分类标准的再思考》，载《中外法学》2012 年第 3 期，第 599 页。

② 皮勇：《刑事诉讼中的电子证据规则研究》，中国人民公安大学出版社 2005 年版，第 9 页。

电子设备中，在被特定主体发现提取前处于静止状态。国际上一般将对静态电子数据证据的提取称之为搜查扣押。如《网络犯罪公约》在体例上就将“搜查和扣押存储的计算机数据”和“计算机数据的实时收集”作为并列的两项电子证据调查措施分别予以规定。[①] 我国学者也多从静态意义上理解电子数据证据。[②] 静态电子数据搜查扣押主要涉及以下几个问题。

首先是搜查扣押范围。根据我国《刑事诉讼法》第 136 条、141 条规定，为了收集犯罪证据、查获犯罪人，侦查人员可以对犯罪嫌疑人以及可能隐藏罪犯或者犯罪证据的人的身体、物品、住处和其他有关的地方进行搜查。在侦查活动中发现的可用以证明犯罪嫌疑人有罪或者无罪的各种财物、文件，应当查封、扣押；与案件无关的财物、文件，不得查封、扣押。该规定明确搜查扣押的对象限于与案件有关的财物、文件及其他材料。这要求侦查人员在搜查扣押时能够准确判断何种电子数据与案件有关，不能将与案件无关的电子数据予以扣押提取。但电子化形态的电子数据与其他物理形态证据有着明显差异，尤其是在大数据背景下，侦查主体难以在短时间内从海量数据中准确审查判断何种电子数据与案件有关。而有些计算机与媒体设备被加密，短时间内侦查人员难以破获密码，如果不及时提取相关电子数据证据，很有可能丧失对电子数据证据的控制权。基于此，与物理形态证据不同，对电子数据证据的搜查扣押范围应该予以适当扩张，允许对其载体进行整体扣押。实际上，立法者已经认识到电子数据证据海量性、不可分割性、依附性等特征，在《刑事诉讼法》中对其作了例外性规定：对查封、扣押的财物、文件、邮件、电报或者冻结的存款、汇款、债券、股票、基金份额等财产，经查明确实与案件无关的，应当在三日以内解除查封、扣押、冻结，予以退还。从上述规定可以看出，对查封、扣押的相关证据材料必须进行快速审查判断，若发现与案件无关应该尽快退还。这实际上承认了侦查主体在搜查、扣押中的“一揽子”计

---

① 黄少石:《国外电子证据搜查立法状况简析》，载《太原师范学院学报（社会科学版）》2012 年第 5 期，第 42 页。

② 参见刘广三、向德超:《论电子证据的搜查、扣押》，载《北方法学》2007 年第 2 期；皮勇:《电子证据的搜查扣押措施研究》，载《江西公安专科学校学报》2004 年第 1 期。

划，即对可能相关的证据进行“一并扣押”。而在《取证规则》中对电子数据证据的“一并扣押”原则更为明确。该规则第10条规定，在侦查活动中发现的可以证明犯罪嫌疑人有罪或者无罪、罪轻或者罪重的电子数据，能够扣押原始存储介质的，应当扣押、封存原始存储介质，并制作笔录，记录原始存储介质的封存状态。

但有必要指出的是，“一并扣押”原则虽然有利于及时收集固定证据，但宜设置例外情形。当电子数据证据范围明确，与案件事实关联清晰，且能够与其他电子数据进行区分的情况下，就没有必要对电子数据载体进行“一并扣押”。“如果犯罪嫌疑人利用其单位的计算机系统进行网络犯罪，但是犯罪记录在系统的终端机上已被删除，仅仅在主机系统中留有记录，若对主机系统进行搜查、扣押，必然会影响该公司的正常营业，造成严重的经济损失。在此种情况下，侦查人员应该把与本案有关的电子证据复制到其他的物质载体上加以扣押，而不能对该主机系统进行扣押。”① 此外，针对大型网站等服务设备也不适宜采用“一并扣押”原则，对此必须进行电子数据证据与案件事实关联性的事前判断，针对特定的电子设备进行扣押或对特定范围内的电子数据进行提取。设置“一并扣押”原则的例外情形旨在实现刑事诉讼法保障人权的功能，防止公权力借助“一并扣押”的便利原则损害他人合法权益。另外，对于因“一并扣押”而导致相关权利方财产损失者，应该赋予相应主体一定的救济权利。即在不妨碍刑事诉讼程序正常进行的情况下，如果继续扣押电子设备将导致所有人不可挽回的损失，又缺乏其他法律补救措施的，电子设备的权利人可以通过向法院提出诉请，要求归还被扣押的电子设备。②

其次是搜查扣押程序规范。刑事搜查、扣押带有强制性，该强制性主要体现于在相关权利人不同意的情况下仍然可以实施搜查、扣押。基于此，搜查、扣押中的公权力与私权利之间有着明显的冲突。世界各国无一

---

① 刘广三，向德超：《论电子证据的搜查、扣押》，载《北方法学》2007年第2期，第46页。

② 美国司法部计算机犯罪与智慧财产部犯罪组：《在刑事调查中搜查扣押计算机数据并获取电子证据》，［EB/OL］http：//www. cybercrime. gov/s&smanua12002. htm#. ［2001-3-5］/［2016-9-5］。

例外地对搜查、扣押行为进行了较严格的程序规范。与传统搜查、扣押所不同的是，侦查机关对电子数据证据的搜查、扣押带有隐秘性，相关人员可能在不知情的情况下进行了搜查或扣押。如“后门程序是网络黑客经常使用的一种计算机系统攻击手段，主要用于窃取计算机系统中的相关信息，近年来后门程序也被司法部门应用于合法的犯罪侦查和证据收集。为了保证后门程序不被调查对象发现，后门程序通常要采用潜行技术。例如，将网络流量减至最小并避免在硬盘上存储文件，当因条件限制需要进行本地存储时，通常会采取相应的迷惑措施。同时，用于侦查和证据获取的后门程序还应该能够绕过被调查目标可能采取的各种安全措施，如防火墙或入侵检测系统。”① 与传统搜查、扣押相比，电子数据证据的搜查、扣押的非强制性特征更为明显。但问题是，对此类非强制性搜查、扣押是否需要进行严格规范？笔者认为，对电子数据证据的非强制性搜查、扣押虽然不会侵犯相关人等的直观权利，但同样会对个人信息权及其他相关权利造成严重侵害。我国刑法对非法获取公民个人信息罪的规定，也彰显出刑法对公民个人信息保护的决心。

受大数据关联性、不可分割性特征影响，搜查、扣押权力极有可能因大数据内在扩张的属性而出现权力边界的模糊，乃至出现权力的异化，损害公民合法权益。世界范围内绝大多数法治发达国家都对电子数据证据取证保持严谨规范态度，尽管其不属于传统意义上的强制侦查，但均对其增设严格的规范程序。② 尽管我国刑事诉讼法及相关司法解释、部门规章对电子数据证据的搜查进行了规范，但一般是沿用传统搜查规范，并未针对

① 杨永川等：《计算机取证》，高等教育出版社 2008 年版，第 84 页。

② 如在美国的 kyllov. United States 案中，联邦警察怀疑被告在住宅内栽植大麻。在室内栽植大麻，必须以高热量的灯照射。联邦警察因此使用 Agema The rmovision 210 之热显像仪（Thermal imager）侦测，该仪器得侦测物体所散发出之热量（温度），是否与一般在室内栽植大麻所使用的高热量灯相符。联邦警察以此仪器扫描被告住宅，显示屋内某一部分的温度较室内其他部分为高，且远远高于邻屋的温度。基于以上信息、线民提供的消息、被告的电费单，警察向法院申请令状，取得令状后搜索被告住宅，果然发现大麻，本案因此涉讼。美国联邦最高法院判决认为：当政府使用非一般大众所使用的仪器探查住家的细节，而且除非政府物理侵入住宅，不可能事先得知该细节，即构成宪法之搜索，在无令状的情形下，推定为不合理。参见王兆鹏：《美国刑事诉讼法》，台湾元照出版有限公司总经销 2007 年版，第 120-122 页。

电子数据证据的搜查、扣押作出严格专门的规范。笔者认为，受电子数据证据扩张性特征影响，可以考虑通过禁止搜查的内容进行搜查、扣押边界的界定。我国《刑事诉讼法》规定：在执行逮捕、拘留的时候，遇有紧急情况，不另用搜查证也可以进行搜查。该法在同一法条中规定了附带搜查与紧急搜查，但其规定相当粗疏。那么，电子数据证据能否适用附带搜查与紧急搜查呢？从该法条规定看，可以适用。如若犯罪嫌疑人在被逮捕时身上藏有计算机等电子设备，是否可以对计算机等电子设备进行附带搜查？附带搜查的前提是该场所藏有犯罪证据，但在无法证明有该嫌疑时则不能对该场所进行搜查。相对于物理空间，除电子设备本身外，电子数据信息本身属于虚拟场所，难以藏匿对人身产生伤害的证据。附带搜查与紧急搜查都具有紧急性，"由于搜查和扣押的对象是伤害逮捕执行官的物件、逃走工具和犯罪嫌疑人可能接触的证据物，因此搜查的范围应当局限于犯罪嫌疑人的人身或其直接支配的空间"。[①] 故此，附带性搜查与紧急搜查中，侦查人员只能针对可能隐藏犯罪证据的物理场所——电子设备进行搜查，不能对电子设备中的电子数据这一虚拟场所进行搜查。因为其电子数据不可能对人身产生直接的危害，除非该电子数据中的指令或信息直接关联物理世界，且对现实世界产生直接威胁。如该电子设备中的信息指令可以遥控事先安装好的定时炸弹，侦查人员可以针对该类型电子数据进行附带或紧急搜查并进行现场控制。除此之外，在附带搜查与紧急搜查情况下只能对电子设备进行扣押，若对其进行搜查必须在取得搜查令的情况下，在侦查人员指挥下由相关技术人员进行搜查。

最后是搜查、扣押技术手段。电子数据的搜查与扣押技术运用包括两个层面的含义：一是对电子属于载体搜查与扣押的技术要求。传统搜查与扣押绝大多数无须相关专业技术，仅凭借侦查人员的既有知识与经验即可完成。与传统搜查、扣押所不同的是，无论是电子数据载体还是电子数据本身都充满了技术性。侦查人员单凭自己的既有知识与经验无法完成对电子数据的搜查与扣押。为此，未来立法有必要设置专业技术人员辅助规则

---

① 彭勃：《日本刑事诉讼法通论》，中国政法大学出版社 2002 年版，第 112 页。

以确保搜查、扣押的科学性，从而保障电子数据的可靠性；二是对电子数据本身搜查的技术要求。这也是本文重点予以论述的问题。受电子数据存储方式的影响，对电子数据搜查具有明显的“分阶段”特征，有学者将其称之为“二次搜索”。[①] 笔者认为，“二次搜查”的说法不足以说明电子数据搜查的本质特征。对电子数据证据的收集与运用实际上要涉及多个步骤，远非用“二次”能够予以概括。按照上述学者观点，对电子数据的“二次搜查”包括首次电子数据载体的搜查与第二次的电子数据的搜查。实际上，对电子数据证据的搜查除包括电子数据载体的搜查外至少涉及以下三个必要步骤：一是电子数据本身的搜查；二是电子数据获得后的识别判断；三是电子数据归类分析。此外，随着大数据的发展，越来越多的电子数据搜查还将涉及大数据整合这一步骤。就此而言，将电子数据的搜查用“分阶段”搜查概括更为合适。

从电子数据搜查的应用价值上看，电子数据载体的搜查只是为后续电子数据搜查做准备，即挖掘发现电子数据与案件事实的关联性才是电子数据搜查的真正目的所在。为确保搜查到的电子数据客观性，就有必要强化取证手段的技术性。因为这将关系到电子数据证据能否被法庭予以采纳。“在法庭上展示证据的客观性，如同展示证据的连贯性和完整性一样，都是至关重要的。同样，也有必要展示证据是如何被发现的，要展示获取证据的每一个步骤。证据应当被保存到这种程度：第三方通过重复同样的步骤也能够得到（与控方提交到法庭的证据）同样的结果。”[②] 基于电子数据生成、存储环境及变化的可能性，电子数据的搜查发现过程是否科学将关系到电子数据证据的客观性。而法庭要求对其发现过程的质证则进一步要求电子数据搜查过程中的技术保障。为此，未来立法有必要构建完善的电子数据搜查、扣押技术规则，其内容至少应涵盖以下两个方面的内容。

---

① “二次搜查”是指侦查机关搜查、扣押电子数据的存储介质只是手段，其目的是通过对存储介质的搜索来发现存储在其中的电子数据。参见骆绪刚：《电子数据搜查扣押程序的立法构建》，载《政治与法律》2015年第6期，第155页。

② 转引自陈永生：《电子数据搜查、扣押的法律规制》，载《现代法学》2014年第5期，第113页。

首先是电子数据搜查与扣押主体的技术性要求。传统搜查与扣押以侦查人员为主导的搜查扣押规则难以适用于电子数据搜查与扣押。未来立法有必要确立强制性的电子数据搜查与扣押技术主体规则，即对于电子数据的搜查与扣押必须由专业技能的人员实施。在英国，已有相应法律规范对其作出明确规定："对于处于开机状态的系统，必须由受到专业培训的人员操作，以防止电子数据的丢失。"① 实际上，不仅仅是处于开机系统状态的电子数据容易丢失，即使对已经关机的终端设备进行简单的开机动作都有可能造成电子数据的改变或丢失。这也是司法实践中，取证人员一般是在原始电子数据备份的情况下才进行电子数据的进一步筛查与分析、对比的重要原因。易言之，"电子数据的真正搜查是发生在官方系统终端上，而非犯罪嫌疑人、被告人的系统终端"。② 作为电子数据搜查的技术人员应该具有相应资质，具体可以根据电子数据取证的难度与复杂性确定技术人员。若取证技术人员不具有相应资质的，应排除其所获取的电子数据证据。

其次是电子数据搜查与扣押的技术方法要求。无论是对电子数据的保全还是鉴定，都需要借助特定的电子技术手段。该技术方法是否科学与合理将影响电子数据的可靠性与证明力。如就电子数据证据保全中，比较通用的方法是哈希校验。该校验方法利用了所有数据都会对应唯一哈希值且具有不可逆的特征，以证明电子数据是否被更改过。此外，"现在国内外已经有一些知名的取证辅助工具投入使用，比如，美国 Uuidence 公司推出的 Encase Forensic 系列司法分析软件、德国 X-Ways 公司推出的 X Ways Forensic 综合取证分析工具，以及厦门美亚柏科公司推出的取证魔方、电子数据取证勘查箱、电子数据提取工具箱等，将这些取证工具应用到证据保全工作中可以有效增强搜查扣押工作的规范性"。③ 受互联网技术的快速

---

① See ACPO Good Practice Guide for Digital Evidence,（March 2012）［EB/OL］. http：//www.acpo. police. uk/documents/crime/2011/201110-cha-digital-evidence-v5. pdf. ［2018-2-10］.

② See Orin S · Kerr. Searches and Seizures in a Digital World［J］. Harvard Law Review，2005，(119)：531-532.

③ 赵长江、李翠：《电子数据搜查扣押难点问题研究》，载《太原理工大学学报（社会科学版）》2017 年第 3 期，第 24 页。

发展影响，电子数据证据保全与鉴定技术方法日新月异，并且不同技术手段的科学原理有着较大的差异。法庭很难针对所有的技术方法进行一一审查。基于减少控辩双方的争议与提高诉讼效率考虑，有必要构建成熟的电子数据证据保全与鉴定的技术使用制度。侦查人员与相关专业技术人员可以抽取使用经特定机构确认的技术方法，无需再经法庭的审查判断。除非涉案电子数据证据特殊，需要更加先进的技术手段予以保存或鉴定，否则直接推定经确认的技术方法具有科学性与可靠性。

二、动态电子数据证据的拦截规则

狭义上的动态电子数据证据是指“数字化信息网络中传输的电子证据”。[①] 广义上的动态电子数据证据还包括对静态电子数据证据进行提取、认证、质证等程序过程。本文只就狭义动态电子数据证据的拦截问题展开探讨。动态电子数据证据处于实时传送状态中，形态与内容均不固定，对动态电子数据证据能否实施拦截及如何实施拦截涉及惩罚犯罪与保障人权两大诉讼价值的考量。司法实践中，对动态电子数据证据提取方式主要涉及数据拦截。

（一）动态电子数据拦截域外经验

历史上，动态电子数据拦截是否需要司法令状，先后经历了较长时间的发展过程。20 世纪 30 年代的美国，监听被视为秘密侦查的重要方式，且不受司法审查。联邦最高法院在 1928 年的“欧姆斯蒂德诉美国政府”案中认定电子监听不受搜查与扣押规则的限制。[②] 电子监听不受司法审查的做法遭到理论界与部分实务人员的猛烈批评，他们认为，不受司法审查的电子监听行为严重侵害了相关主体的利益，极大地扩张了政府权力，违背了司法权与行政权之间的监督制约关系。“基于此，国会 1934 年颁布《联邦通讯法》第 605 条款明确宣告：未经发送者授权，任何人不得截取

① 皮勇：《刑事诉讼中的电子证据规则研究》，中国人民公安大学出版社 2005 年版，第 10 页。

② Olmstead v. United States，277 U. S. 438 （1928）。

无线电通讯或将截取的通讯内容泄露给第三人。"① 联邦最高法院随后在"那顿诉美国政府"案中确立了电子拦截所获证据不能作为刑事证据材料予以使用的规则。② "二战"结束后，美苏冷战时期，借助不同意识形态领域的战争，美国进行了大量的电子拦截行为，直至1967年美国联邦最高法院才确认电子数据拦截应该适用搜查和扣押规则。③ 随后，美国国会出台了《全面控制犯罪与街道安全法》对诸如监听等电子拦截作出了全面规定。④ 但该法的出台并不意味着美国的电子拦截规则得以全面构建，尤其是"水门事件"暴露出电子拦截中权力滥用产生的严重社会危害。基于此，美国司法部长于1976年签发《国内监控手册》，至此美国联邦调查局的电子拦截等特殊手段行为被纳入司法审查范畴。1986年美国国会通过《电子通讯隐私法》进一步修正了《全面控制犯罪与街道安全法》部分内容。⑤

德国早期宪法禁止对电子数据信息进行拦截。1968年之后德国受严重的恐怖犯罪影响，联邦议会通过两个宪法修正案，对宪法规定的"通讯与电讯秘密不可侵犯"的规定增设例外，赋予德国情报机构与刑事侦查机构针对严重的违法犯罪行为进行监听的权力。后来刑事侦查机关的监听权被纳入刑事诉讼法，该法"对监听的对象、适用的案件范围、实质要件、审批权限、实施程序及其监听结果的使用与禁用等问题均作出了明确的规定。"⑥

在英国，通讯拦截有着悠久的历史。在1663年至1985年，英国的电子数据拦截一直游离于法律之外。1985年英国颁布了"通讯拦截法"，该法首次将电子邮件、电话通信等电子数据拦截纳入法律范畴。但该法主要

① 周学峰：《解读美国电子监控制度的演变》，载《北京理工大学学报（社会科学版）》，2014年第6期，第110页。

② Nardone v. United States，302 U. S. 379（1937）.

③ Berger v. New York，388 U. S. 41（1967）；Katz v. United States，389 U. S. 347（1967）.

④ Omnibus Crime Control and Safe Streets Act of 1968，Pub. L. 90-351.

⑤ 很多电子拦截与刑事犯罪无关与国家安全无关。Electronic Communications Privacy Act of 1986，Pub. L. No. 99-508。

⑥ 邓立军：《德国司法监听法治化的演进与发展》，载《广东商学院学报》2006年第6期，第82页。

以打击犯罪为目标，未对公民合法权益的保护给予应有的关注。在英国民众的极力推动下，2000 年英国颁布了“侦查权规制法”。该法强化了对侦查权的限制，并取代了“通讯拦截法”。至此，英国的动态电子数据拦截真正进入法治轨道。为防止动态拦截电子数据权力滥用，英国立法严格限制通过动态电子数据拦截所获得的电子数据证据。

上述法治发达国家均构建了动态电子数据拦截制度，其发展历程表现出以下四个方面的共性：其一，动态电子数据拦截制度均经历了从无到有的过程。电子数据拦截与严重犯罪行为发生有着密切的关系。可以认为，推动动态电子数据拦截制度产生的根本动力是控制严重犯罪的需求。其二，动态电子数据拦截法治化路程漫长，其间充满了惩罚犯罪与保障人权的较量。其三，当代各国立法均对动态电子数据拦截构建了严格的司法审查制度。其四，当代各国立法均以司法审查制度为基础，同时构建严格的启动程序、运行程序、非法证据排除程序，以约束公权力。

（二）动态电子数据拦截程序

动态电子数据拦截具有“渔网效应”，会将一切相关数据信息进行全面拦截。对电子数据无差别拦截就相当于在现实世界中所有认为可能有犯罪证据的场所安放电子监控或者指派警察。电子数据拦截就像一个超级大网，会将所有的以数据呈现的数字、文字与音频、视频等信息全部包容进去，而不区分信息的发出者、接收者与信息的性质。与传统搜查相比，动态电子数据拦截可能侵害的个人信息及隐私权等更加严重，应该采行更加严格的司法审查程序，建立“超级搜查制度”。

其一，明确动态电子数据拦截制度的适用范围。根据刑事诉讼比例原则，动态电子数据拦截制度只能适用于特定的严重犯罪行为。在德国，立法要求动态电子数据拦截只能适用于如下严重的犯罪行为：“反和平罪、叛逆罪、危害民主宪政罪或者叛国罪、危害外部安全罪；危害国防罪；危害公共秩序罪；非军人煽动、辅助军人逃亡罪或者煽动不服从命令罪；伪造货币罪、有价证券罪；重大贩卖人口罪；谋杀罪、非预谋杀人或者灭绝种族罪；侵犯他人人身自由的犯罪；结伙盗窃罪或者重大结伙盗窃罪；抢劫罪、抢劫性敲诈勒索罪；敲诈勒索罪；常业性接受赃物，结伙接受赃物或者常业性结伙接受赃物；危害公共安全罪；等等。”① 我国刑事诉讼法虽然规定了动态电子数据拦截中的“技术侦查”，但并未就“技术侦查”的适用范围作出明确规定。笔者认为，基于动态电子数据拦截对他人权益侵害的危险性必须对其适用范围进行明确规定。但德国的上述做法借鉴意义并不大。犯罪的严重性程度并非通过罪名性质予以体现，而是通过其严重社会危害性，即刑罚量予以体现的。故此，未来立法可以考虑以可能性的量刑为标准，判断是否属于严重的犯罪行为，具体可以考虑以判处10年以上有期徒刑为准。

其二，设立动态电子数据拦截启动的最后手段性原则。犯罪的严重性并非启动动态电子数据拦截的唯一考量因素。司法实践中，完全有可能出现可能判处无期徒刑、死刑的案件获取证据并不困难的情形。如此就没有必要启动动态电子数据拦截程序。基于此，未来立法有必要设置启动拦截程序的证明要求，即只有那些通过常规侦查手段无法取证，且已经穷尽了其他取证手段仍然无法取证的案件方可适用电子数据动态拦截侦查措施。

其三，创设动态电子数据拦截启动说理制度。公民合法权益有轻重缓急之分。相应地，根据公民隐私权或其他权益的重要性程度不同宜针对不同的拦截方法决定是否启动说理制度。所谓说理制度，是指侦查机关在实施动态电子数据拦截前应该提供相应证据证明存在拦截的“可信理由”，并就拦截的信息进行详细描述，将非相关数据信息进行最大化排除。若侦查机关违反相关规定可以考虑予以行政处罚。启动说理制度对侦查机关启动该程序似乎过于苛刻，但这主要基于对侦查机关使用手段的特殊性与公民权益的重要程度的考量。如侦查机关对拦截对象实施“一揽子计划”，即对家庭住宅进行监控、所有电子数据信息均需要拦截者，就必须强制启动该程序，以保障当事人合法权益。

其四，针对不同电子数据类型设计有差别的动态电子数据拦截程序。对电子数据证据进行动态拦截有必要在区分附属信息与内容信息的基础上

---

① 邓立军：《德国司法监听法治化的演进与发展》，载《广东商学院学报》2006年第6期，第82页。

进行。以电子邮件为例，电子邮件发送与收取中的邮箱地址、时间等表头信息属于电子数据的附属信息，电子邮件的具体内容属于内容信息。电子数据在传输过程中，通信信息会被分解为若干数据包的方式进行，在信息到达目的地后，数据包再被重新整合为信息内容。[①] 在此过程中，每一个数据包都包含着附属信息与信息内容。附属信息相当于现实世界中的邮件信封，信息内容则属于信件内容。邮件信封内容或附属信息一般是公开的，行为人不具有隐私期待权，侦查机关可以进行一般意义上的搜查，不应受到严格的限制。但信息内容则关涉相关人员重大权益，尤其是动态传输中的信息内容，行为人尚未得知信息即被拦截，应对其拦截行为设置严格的启动与取证程序。

其五，完善动态电子数据拦截证据使用禁止与关联性排除规则。使用禁止规则是指对于通过动态拦截获得的电子数据使用去向必须受限于启动该程序的目的。对于符合法定条件获得的电子数据可以作为证据使用，但对于违反启动程序目的获得的动态电子数据证据应当依法排除，不能作为证据使用。对于获取的与本案无关的行为人其他涉嫌犯罪的证据原则上应当予以排除，只有在其成为本案唯一线索时方可将其作为线索使用，但不能直接将其作为指控犯罪的证据。对于获取的与本案无关的第三人的电子数据材料应当返还第三人或者予以销毁，不得留存备份。关联性排除规则是指拦截电子数据内容应与案件的事实相关，与案件事实无关的电子数据材料应予以排除。美国《综合控制犯罪与街道安全法》[②] 及日本相关法律[③]中均明确规定了动态拦截的关联性要求。

---

① Orin S K. Internet surveillance law after the USA PATRIOT act：the big brother that isn't. Northwestern University Law Review，2003（97）：611-615.

② 美国《综合控制犯罪与街道安全法》规定监听内容与案件事实的关联性要求，具体包括三个方面：第一，某个人正在实施、已经实施或即将实施《美国法典》规定的属于监听范围内的犯罪（其中包括贿赂犯罪）；第二，通过监听可以获得有关该犯罪的特定通讯；第三，准备监听通讯的设备或场所正在或即将用于与实施上述犯罪有关的活动，或者被个人租用或登记在其名下或通常由他使用，但法律另有规定的除外。孙长永：《侦查程序与人权》，中国方正出版社 2000 年版，第 136-137 页。

③ 日本将通讯监听适用对象限定为正在实施犯罪或有犯罪倾向的人。尚华、朱安琪：《通讯监听证据若干问题研究》，载《政法学刊》2018 年第 5 期，第 15 页。

其六，完善动态电子数据非法拦截证据的排除规则。非法证据排除涉及对于违反法律规定的程序获得的电子数据证据应否排除及如何排除的问题。目前美国与英国均采取了自由裁量的原则，即法律赋予法官对非法拦截获得电子数据证据进行实质性审查的权力，由法官自由判断是否具有可采性。德国则以是否属于故意违法获取电子数据为标准进行有限制的排除，只有侦查人员故意完全违背法律而拦截的电子数据才属于排除的对象。[①] 意大利法律则采取了绝对性排除模式，即侦查机关只要对动态电子数据进行了非法拦截，其获得的电子数据证据一律予以排除，不得作为证据使用。可见，多数国家对非法拦截电子数据证据采取了自由裁量的态度，即对违反法律程序拦截的电子数据一般持采纳态度，只有当违法行为严重性达到可能侵害实体公正与发动该程序的正当性时方可排除该电子数据证据。基于我国对非法获得实物证据的自由裁量体系考虑，笔者认为，对动态电子数据进行非法拦截而获得的证据宜采取自由裁量模式：对违反动态拦截的法律程序获得的电子数据证据原则上应当排除，但属于程序性瑕疵且能作出补正解释或者合理说明事由的可以予以采纳。

其七，完善动态电子数据拦截的救济程序。拦截属于秘密行为，被拦截的用户对此并不知情。执法机关应否负有告知被拦截用户的义务，各国有不同规定。欧洲人权法院指出，各成员国对此有告知的义务，但并不要求立即实施。欧洲人权法院对此之所以“态度暧昧”，其主要原因是告知行为与“拦截”这一秘密侦查措施启动目的会发生冲突。启动“拦截”手段的主要原因是无法通过其他途径获知相关证据材料，迫不得已在当事人不知情的情形下实施拦截行为。若执法机构告知当事人拦截事宜，则很可能无法实现启动该程序的目的。但从人权保障角度看，执法机关的告知义务是当事人知情权的应有之义。基于上述冲突性考量，笔者认为，执法机构原则上应该告知当事人，但具体时机可由执法机构自由裁量。但若在执法机构没有使用拦截的电子数据或者在三个月内予以销毁该电子数据的，可以不予告知。

对动态电子数据拦截作上述严格限制是基于拦截的技术性、隐秘性及

---

① 程雷：《秘密侦查比较研究》，中国人民公安大学出版社 2008 年版，第 532 页。

对当事人隐私权的可侵犯性特点的考量。我国目前并未明确动态电子数据拦截的法律地位，只是在刑事诉讼法中规定了技术侦查。该技术侦查使用的具体手段应该包含监听在内的多种动态电子数据的拦截方法。尽管刑事诉讼法对技术侦查的启动、批准、证据使用目的等方面做了较为严格的限制，但总体上仍过于粗疏。未来立法有必要结合拦截的具体方法详尽规定使用范围、启动程序、使用禁止、司法审查、证据排除及当事人救济等内容，以平衡惩罚犯罪与保障人权之间的关系。

第四节　区分动态电子数据证据与静态电子数据证据的延伸意义

区分动态电子数据证据与静态电子数据有着重要的学理与实践意义。在理论层面可以通过不同视角进一步分析证据种类可能存在的问题与缺陷。在实践层面可以指导公安司法机关取证、质证、认证活动的顺利进行，尤其是对法律监督机关及司法机关对侦查取证行为的合法性审查与司法机关对所获证据的证明力审查判断大有裨益。

一、动静电子数据证据区分有助于挖掘电子数据证据有用信息

尽管证据分类是学理意义上的话语，但其与我国法定证据种类密切相关。学术界对证据进行分类研究的目的是促进证据种类在司法实践中的正确应用。故抛开证据种类谈证据分类缺乏实际意义。如有人指出，“证据分类是指按照不同的标准，从不同的角度对证据所作的理论分类”。[①] 该概念没有指出证据分类与证据种类之间的关系，缺乏全面性。实际上，任何国家的证据分类的学术讨论都是建立在该国认可的法定证据种类之上的。即便

① 宋英辉、汤维建：《我国证据制度的理论与实践》，中国人民公安大学出版社 2006 年版，第 132 页。

是在英美法系不适用法定证据种类的国家，对证据的分类讨论也没有超出司法实践中对证据的使用范围。就此而言，证据的分类是指基于于刑事诉讼法中规定的证据种类证明案件事实的特点，依据一定的标准进行的分类组合。

按照传统证据分类标准，很难将电子数据证据进行学术归类。从表现形态看，电子数据证据既有物证特征，又具有言辞特点。如有人将电子数据分析报告认定为鉴定意见。如此在实物证据与言词证据二分法中就无法准确对电子数据进行归类。与传统证据相比，电子数据形成过程、获取方法及证明案件的方式均具有独特性。电子数据的动态性特征极为明显。更为重要的是，2012 年修订的刑事诉讼法增加了技术侦查措施，依据该侦查方法可以对动态电子数据进行拦截。但是，如何对其拦截行为进行法律规制，尚未有专门法律作出规定。传统搜查规则与技术侦查规则均以静态电子数据为预设对象，并未对动态取证行为进行有针对性的法律规制。这势必会影响电子数据证据的证据能力与证明力。在区分动态与静态电子数据证据前提下，可以充分挖掘电子数据特征，利用其特点证明案件事实。

二、动静电子数据区分有助于实现控辩平衡

区分动态与静态电子数据证据对有效实现控制犯罪与保障人权之间的平衡有着重要的意义。静态电子数据与动态电子数据证据区分的要旨在于两种证据取证可能侵权的严重性程度不同，故应设计不同搜查程序予以应对。对于静态电子数据证据，根据数据存储时间不同可以将其区分为临时存储与固定存储。临时存储是指那些处于非传输状态中的电子数据被临时存储起来。如电子邮件传输中，电子邮件首先到达收件人的 ISP 服务器中被临时存储起来，当收件人下载后会显示删除或者保存等选项。一旦收件人选择保存，此时的电子邮件数据将成为固定存储。对于固定存储，侦查机关只需要遵循一般的电子数据搜查程序进行申请搜查即可。此外，根据电子数据存储的时间可以对静态电子数据设计宽严不同的搜查取证程序。如针对超过 3 个月的静态电子数据，侦查机关可以不需要出具“可信理由”的证据，只需提出证明该数据信息与犯罪事实具有相关性即可，对于尚未超过 3 个月的电子数据证据，则需要符合一般意义上的搜查程序，否

则侦查机关无权开启搜查。

鉴于电子数据证据由信息内容与附属信息组成，对其附属信息宜设计独立的取证程序。对该信息除遵守一般意义上的搜查程序外，侦查机关无须提供“可信的理由”，其只需要证明附属信息与犯罪行为可能相关即可。此外，考虑到该信息是电子设备系统自动生成信息，与案件当事人实施的犯罪行为或其他行为不具有直接相关性，多数用于调查案件线索，故可以不适用非法证据排除规则。执法人员违反此程序规定，不必然受到行政处罚。有必要指出的是，基于动态电子数据拦截可能造成的严重后果，域外很多国家明确了刑事实体法上的责任。如英国 2000 年颁布的《侦查权规制法》明确执法机构在通信拦截中获得的数据具有保密的义务，如果泄密构成犯罪，应依法追究其刑事责任。对于未经许可实施通信数据拦截的则可成立窃听类犯罪。对于执法人员故意不履行拦截许可证规定的内容的，该执法人员将面临 2 年以下有期徒刑或罚金的刑罚。[①] 域外国家之所以对动态数据拦截人员以实体与程序双面的限制，正是基于动态电子数据对人权保障的重要性及对人权侵害的严重性的考虑。

三、动静电子数据区分有助于实现电子数据搜查扣押的分阶段进行

受存储方式的影响，侦查人员对电子数据取证方法具有明显的多阶段特征。有学者将其称为“二阶段搜查扣押”。“第一阶段进行实物搜查（The Physical Search Stage），侦查人员需要对有可能保存相关证据的电子存储设备（如计算机、U 盘等）进行搜查并扣押……第二阶段为了获取能够作为证据使用的信息，侦查人员需要在实验室中复制那些被扣押的电子设备中存储的相关数据，然后使用专业取证软件（Forensic Software）对这些数据进行分析，从中获取并固定令状中已经载明的证据。”[②] 实际上，笼统地将电子数据取证认定为二阶段搜查缺乏合理性。首先，如前所述，用

---

① see section 1（7）of Regulation of Investigation powers Act 2000.

② 转引自孙潇琳：《我国电子数据搜查扣押之审思》，载《中国人民公安大学学报（社会科学版）》2018 年第 6 期，第 97 页。

“二阶段”难以概括取证、鉴定、挖掘、分析等行为，将其认定为多阶段或分阶段更为合适。其次，静态电子数据取证具有分阶段特点，因为取证人员需要将处于静止状态存储于特定载体上的电子证据进行收集、挖掘获取，随后需要对电子数据信息内容作进一步分析。可见，对静态电子数据进行分阶段搜查是源于侦查人员对电子数据载体搜查这一环节。但在动态电子数据中，侦查人员直接获取的对象是电子数据本身，如电话数据信息、电子邮箱信息、微信信息等。可见，在动态电子数据拦截中，缺乏对电子数据载体的独立侦查环节。侦查人员可以直接从获知的电子数据信息中了解掌握相关案件信息内容。当然，若因获取的电子数据信息量较大，也有可能涉及多阶段分析取证的问题。

我国新修订的刑事诉讼法确立了证据裁判主义，即所有的案件事实都应该有证据证明，并且该证据应该经查证属实。区分动静电子数据证据有助于公安司法者关注证据的发现与优选。相较于静态电子数据证据，动态电子数据证据更具有现场性，可有效排除因系统留存、备份等过程中出现的意外情况，更接近于案发现场。现实空间中的犯罪现场勘验具有重要的法律价值。因为“罪犯可以从犯罪现场选择一千条路逃跑，而侦查人员却只能选择一条路追踪，而要找到这条路，还得勘查犯罪现场”。① 李昌钰博士也指出，“犯罪现场勘查是科学调查的第一个步骤，也是最为关键的一个步骤”。② 动态电子数据拦截本质上是在虚拟空间上演一场真实的“现场勘验”。与回溯型现场勘验不同，侦查人员通过对电子数据的实时拦截实现了犯罪证据收集与犯罪行为发生的同步，极大地提升了证据的真实性与可靠性，证据证明力显著提高。这与传统“实物证据”多属于间接证据不同，通过动态拦截的电子数据尽管多数属于“实物证据”，但同时具有证明的直接性。

此外，动静电子数据的区分具有重要的辐射延伸意义。动态与静态分类方法同样可以适用于其他证据种类。以动态的视角看待证据的类型，有

---

① ［苏］拉·别尔金：《刑事侦查学随笔》，李瑞勤译，法律出版社 1983 年版，第 92 页。

② ［美］李昌钰等：《李昌钰博士犯罪现场勘查手册》（第二版），郝宏奎等译，中国人民公安大学出版社 2006 年版，第 24 页。

利于司法者关注证据的动态变化。人们习惯于用静态的眼光看待证据，尤其是实物证据。实际上，包括实物证据在内的所有证据均处于持续的动态变化中。有学者将实物证据中的重量增加与减少、形状与颜色的改变、化学组成的变化乃至物理形态的毁灭称为“证据的动态化”。[①]“证据动态变化既可能是自然因素所致，也可能是人为因素所致，就后者而言，既可能是犯罪行为人伪装现场所致，也可能是侦查人员处理现场的行为所致。例如，犯罪行为人可能移动特定的证据物品，物证可能随着时间推移或者环境变化发生改变，也可能因为现场应对人员处理现场的行为而被改变或者毁坏。”[②]动态化证据给侦查带来了极大的阻力，这要求侦控与司法机关必须重视对证据的保管。证据保管由证据的保存与监管两种行为组成，司法实践中，轻监管重保存的现象不容忽视。在证据裁判主义下，必须重视证据的监管，构建完善的证据监管链条。证据监管链条又称为证据保管链，“它要求每一个参与证据保管的人员均证明实物证据得到了有效的连续监管，证据形态等未发生变化，也没有遭受替换”。[③]证据监管链条能够有效保证实物证据真实性与可靠性，但遗憾的是，我国刑事诉讼法未对该问题予以明确，司法实践中因证据监管问题导致冤假错案的情形时有发生。[④]刑事立法与司法实践对证据监管链条的忽视与我国一贯的证据分类没有包括静态与动态类型不无关系。笔者认为，基于电子数据证据证明案件事实的内在特性，对其作静态与动态的划分，并以此为契机将该划分方法推及其他证据种类，纳入直接证据与间接证据、实物证据与言词证据、肯定证据与否定证据、原始证据与传来证据划分体系中，不仅可以丰富我国证据分类，还可为我国刑事诉讼立法与司法实践提供有益指导，推动刑事证据法制度的体系化发展。

---

① See William J. Chisum, Brent E. Tutvey. Crime Reconstruction, Academic Press, 2007, p. 320.

② 郝宏奎、刘静坤：《美国的实践导向型证据分类法及启示》，载《证据学论坛》2010 年第 15 卷，第 190 页。

③ See Bryan A. Garner (ed.), Blacks Law Dictionary, 9th ed. Minnesota: West, a Thomson Business, 2009, p. 260.

④ 参见陈永生：《我国刑事误判问题透视——以 20 起震惊全国的刑事冤案为样本的分析》，载《中国法学》2007 年第 3 期，第 53 页。

第五章　加密刑事电子数据证据之关联性判断

关联性（又称为相关性）是证据的重要属性之一，缺乏关联性的证据不能成为定案的根据，该基本属性是证据法的核心理论，因为“一切非关联的证据不可采纳，是一个理性的证据法体系的大前提”。[①] 但关联性是一个很难用切实有效的方法予以界定的概念，虽然容易判断，但却不容易进行定性描述。[②] 学术与实务层面对关联性形式与内容均有不同看法，且影响到司法适用。[③] 尤其是随着计算机互联网技术的快速发展，电子数据证据的出现加剧了上述争议，传统关联性规则能否适用于这一新型证据种类不无疑问。相较于民事诉讼与行政诉讼，刑事诉讼涉及他人生命权、自由权及重大财产权，在刑事电子数据证据方面出现立法保守而司法实践不断突破的矛盾现象。互联网双刃剑特征使得国家在重视发展运用的同时，不

① 沈达明：《英美证据法》，中信出版社 1996 年版，第 130 页。

② 参见［美］乔·R. 华尔兹：《刑事证据大全》，何家弘等译，中国人民公安大学出版社 1993 年版，第 64 页。

③ 具体可参见刘品新：《电子证据的关联性》，载《法学研究》2016 年第 6 期；罗纳德·J. 艾伦：《证据的相关性和可采性》，张保生、强卉译，载《证据科学》2010 年第 3 期；周洪波：《证明标准视野中的证据相关性——以刑事诉讼为中心的比较分析》，载《法律科学（西北政法学院学报）》2006 年第 2 期；陈朴生：《刑事证据法》，三民书局 1979 年版；［美］达马斯卡：《漂移的证据法》，中国政法大学出版社 2003 年版；陈卫东：《刑事诉讼法学》，中国人民大学出版社 2004 年版；俞亮：《证据相关性研究》，北京大学出版社 2008 年版；汤维建、卢正敏：《证据关联性的涵义及其判断》，载《法律适用》2005 年第 5 期；宋英辉、吴宏耀：《相关性规则》，载《人民检察》2001 年第 4 期。

得不关注网络安全，甚至将其上升为一种国家安全策略。① 计算机网络加密技术在国家安全需要与商业利益驱动双重作用下获得快速发展。但加密技术带来的惩罚犯罪与保障人权的传统刑事诉讼价值冲突在网络领域进一步凸显，并深刻地影响到关联性的判断。

第一节　证据关联性的双重含义解读

一、证据关联性学说概念纷争与评析

什么是关联性，关联性包含哪些内容，学界对此并未达成共识。有人认为，证据的关联性是指：“可以作为证据的事实，与诉讼中应当予以证明的案件事实，必须存在某种联系，即能够反映一定的案件事实。”② 有人称，“相关性是指作为证据的事实，必须是和刑事案件具有客观的必然的联系，对于查明刑事案件有意义的事实”……③有人指出，“关联性是证据的一种客观属性，即证据事实同案件事实之间的联系是客观联系而不是办案人员的主观想象和强加的联系，它是案件事实作用于客观外界以及有关人员的主观所产生的”。④ 有人言，“所谓关联性，是指就要证事实具有得推测其存在或不存在之可能的关系。该项可以推理的事实既经特定，则可供推测资料的范围也随之而特定。如其资料不足以供推测应推理之特定之所用的，即无关联性。”⑤ 有人说，“关联性是证据的自然属性，是证据与案件事实之间客观存在的联系。在诉讼活动中，作为证据采纳标准之一的关联性必须是对案件事实具有实质性证明意义的关联性，即证据必须在逻

① 冯潇洒：《国外加密与执法案例分析及其对我国密码立法的启示》，载《信息安全研究》2018 年第 3 期，第 201–210 页。

② 陈一云：《证据法学》，中国人民大学出版社 1991 年版，第 101 页。

③ 程荣斌：《中国刑事诉讼法教程》，中国人民大学出版社 1993 年版，第 169 页。

④ 陈卫东：《刑事诉讼法学》，中国人民大学出版社 2004 年版，第 153 页。

⑤ 陈朴生：《刑事证据法》，三民书局 1985 年版，第 275 页。

辑上与待证事实之间具有证明关系”。[①]

我国学者对上述证据关联性概念的界定尽管有些许区别，但其共性明显，即要求证据与案件事实之间必须有客观联系，具有明显的客观性与联系性特征。但各概念对客观性与联系性的强调程度不同。上述第一、二个概念突出关联性的客观性特征，证据必须与应然意义上的案件事实相关。第三个概念尽管意在强调证据的客观性，但更加突出联系性特征，且开始重视主观对客观事实的能动反映要素。第四个概念在弱化证据关联性之客观性特征的同时，强调司法主体根据证据推测事实是否存在的重要性。第五个概念则在突出证据的自然属性基础上，倡导证据的实质性与证明性。

在国外，对证据的关联性同样存在争议。在日本，“关联性是指证据对其所要求证明的事实具有的必要的最小限度的证明能力”。[②] 在德国，将证据的关联性定义为实质证明力，即通过证据手段影响法官确信的能力。[③] 在俄罗斯，证据的关联性是证据的性质之一，它首先证明的是它与案件实质的联系以及与所谓中间事实的联系，及与证明或推翻依法属于证明对象的情况而必须查明的那些事实的联系。[④] 在英美国家，具有较大影响力的概念是《美国联邦证据规则》对关联性的界定：“证据具有某种倾向，使决定某项在诉讼中待确认的事实的存在比没有该项证据时更有可能或更无可能。”[⑤] 在学界颇具影响力的证据关联性概念是美国证据学家乔

---

① 何家弘：《从应然到实然——证据法学探究》，中国法制出版社 2008 年版，第 33-34 页。

② ［日］我妻荣：《新法律学辞典》，董璠舆译，中国政法大学出版社 1991 年版，第 249 页。

③ ［德］罗森贝克、施瓦布、戈特瓦尔德：《德国民事诉讼法》，李大雪译，中国法制出版社 2007 年版，第 819 页。

④ ［俄］古岑科：《俄罗斯刑事诉讼教程》，黄道秀、王志华、崔慢、丛凤玲译，中国人民公安大学出版社 2007 年版，第 214 页。

⑤ 卞建林译：《美国联邦刑事诉讼规则和证据规则》，中国政法大学出版社 1996 年版，第 105 页。

恩·R. 华尔兹教授提出的简单概念，[①] 相关性是实质性和证明性的结合。[②]

与我国学者对证据关联性概念界定不同，上述域外各国更加重视关联性中的主观性要素。无论是日本也好，德国也罢，均将证据的关联性限定为证明力，而证明的本质是相关诉讼主体说服中立裁决者的过程，证明力无非是指说服的程度而已。在俄罗斯，证据的关联性不仅仅是指与案件实质的联系，还突出中间事实在关联性中的重要性。此处的中间事实的性质完全可能会随着证明对象、裁决主体认知不同而不同，显露出浓厚的主观意味。英美国家的定义更是将证据的关联性与待确认的事实连接，最终表现为更有可能或更无可能的一种倾向。

当然，无论是我国学者对证据关联性的界定还是国外学界对其认定均离不开案件这一基本事实，即对证据关联性的讨论必须以案件事实为基础。案件事实不会自动呈现于司法者面前，必须依靠公安司法主体的力量主动追溯并予以还原。换言之，案件事实必须经历查明过程，而查明过程就是获取能够证明案件事实相关证据的过程。查获证据的手段与证据能否证明案件事实、多大程度证明案件事实有着密切的联系。上述证据概念无不是从证据的应然（客观）证明价值上进行评价，并未触及证据取证问题。易言之，上述绝大多数证据概念将证据取证问题纳入证据能力规则范畴，将证据的相关性仅限于对案件事实的证明程度。笔者认为，基于证据关联性本质含义考虑，上述传统概念或做法值得商榷。

---

① ［美］乔恩·R. 华尔兹：《刑事证据大全》，何家弘等译，中国人民公安大学出版社 1993 年版，第 64 页。

② 证据的实质性包括以下两层意思：首先，要证事实或争议事实是实体法或程序法所规定的必须予以证明的事实。证明争议事实的存否对定罪量刑有直接的影响。其次，证据与要证事实之间具有因果的、条件的或时空上的相关关系。所谓证据的证明性是指证据对要证事实是否具有证据支持关系，即当证据事实存在时要证事实也存在或存在更为可能；当证据事实不存在时要证事实也不存在或不存在更为可能。如果一个证据对要证事实既有实质性又有证明性，则证据与要证事实之间就具有相关性。张继成：《认定证据相关性的逻辑性标准》，载《证据学论坛》，中国监察出版社 2001 年版，第 418 页。

二、证据关联性双重含义解读

（一）证据关联性基本特征

在确定证据关联性概念之前，有必要厘清证据关联性几个基本特征，澄清相关概念。首先，证据关联性专指证据与案件待证事实之间的关联性。有学者指出证据的关联性应该涵盖证据与证据之间的关联性，[①] 该观点有扩大证据关联性基本含义之嫌。证据关联性与客观性、合法性同属证据的三大基本属性，上述基本属性均因案件事实而存在。质言之，离开案件事实，单个的证据及证据之间并没有实际意义，况且“如果将一般意义上的‘关联’当成‘证据的关联性’则会产生很多负面效应，使得关联性规则的理解和适用难度增大”。[②] 其次，证据的关联性与客观性无关。证据的客观性主要解决证据的真实性问题，但证据与案件事实是否有关与证据的真实性并没有必然的联系。进言之，“某一证据是否具有相关性完全可以根据该证据本身加以判断；而某一证据是否真实则无论如何不可能通过该证据本身体现出来”。[③] 最后，证据的关联性带有主观性特征。证据与案件事实是否有关联取决于司法主体根据经验、逻辑规则的判断。证据关联性的本质是证据对案件事实的证明价值，而该价值体现为以司法主体为代表的人类寄希望于依靠现有证据还原事实真相的美好愿望。此外，证明案件事实的过程也充满了主观性，法官需要“综合全案证据和全部案件事实才能加以确认，而不能模式化地、预断性地由法律或者司法解释事先加以规定”。[④] 综上，证据的关联性具有双重含义：一是证据有能力证明案件事实，此为证据能力关联性；二是证据与案件事实之间具有实质关联性，此为证据证明力关联性。

---

① 参见陈卫东：《论刑事证据法的基本原则》，载《中外法学》2004 年第 4 期，第 411-440 页。

② 参见奚玮等：《证据关联性问题之研究》，《审判研究》法律出版社 2006 年版，第 123 页。

③ 参见马秀娟：《论证据的关联性及其判断》，载《政法学刊》2009 年第 6 期，第 19-23 页。

④ 参见陈卫东：《论刑事证据法的基本原则》，载《中外法学》2004 年第 4 期，第 411-440 页。

（二）证据能力关联性

证据能力的概念源于西方国家。相较于我国司法实践，学术上更热衷于对这一问题的讨论。[①] 2012 年刑事诉讼法修改后，出现了若干关涉刑事证据能力的规则。有不少学者将英美法系国家的可采性规则等同于刑事证据能力规则，实则不然。[②]“证据能力的规范作用主要表现为证据的排除，而所谓证据的排除，存在两种不同的机制，其一是证据不得作为认定事实的依据；其二是证据不得在法庭调查中出现。”[③] 证据能力的第一种作用机制体现为司法主体可以将所有的证据纳入法庭调查的范围，只是若其符合排除情形，不能将其作为定案的根据。证据能力的第二种作用机制更为彻底，法官非但不能将其作为定案的根据，且不能对其予以法庭调查。英美法系国家立法设置可采性规则目的是防止不具有缺乏证据能力的证据进入法庭影响法官心证，故其作用机制主要是通过第二种方式予以实现。大陆法系国家则更倾向于使用证据能力的第一种作用机制。通观我国刑事诉讼法关于证据能力规则的适用与大陆法系国家的证据能力规则含义更为接近。[④]

可见，承认证据能力关联性既是对现有法律体系的尊重，亦与大陆法系证据能力与证明力体系保持一致。更为重要的是，将证据关联性区分为证据能力关联性与证明力关联性可以较好地发挥两者在证明案件事实上的

---

① 学术层面涌现出一批有影响力的专门以证据能力为对象的研究著作。如孙远：《刑事证据能力导论》，人民法院出版社 2007 年版；郭志媛：《刑事证据可采性研究》，中国人民公安大学出版社 2004 年版；纪格非：《证据能力论—以民事诉讼为视角的研究》，中国人民公安大学出版社 2005 年版。

② 申君贵：《关于诉讼证据能力之探讨》，《政法论坛》1993 年第 6 期，第 70 页。

③ 纵博：《我国刑事证据能力之理论归纳及思考》，载《法学家》2015 年第 3 期，第 73 页。

④ 如《刑事诉讼法》第 56 条规定：采用刑讯逼供等非法方法收集的犯罪嫌疑人、被告人供述和采用暴力、威胁等非法方法收集的证人证言、被害人陈述，应当予以排除。收集物证、书证不符合法定程序，可能严重影响司法公正的，应当予以补正或者作出合理解释；不能补正或者作出合理解释的，对该证据应当予以排除。在侦查、审查起诉、审判时发现有应当排除的证据的，应当依法予以排除，不得作为起诉意见、起诉决定和判决的依据。这意味着上述非法证据是可以进入庭审程序的，只是不能作为定案的根据而已。而非如英美法系国家的可采性规则那样禁止上述证据进入庭审程序。此外，刑事诉讼法诸如其他全案移送制度、庭前会议形式审查制度的构建均体现了证据能力规则，目的在于禁止将非法证据等作为定案的根据。

递进关系。诚如有学者所言："惟证据评价之关联性，乃证据经现实调查后之作业，系检索其与现实之可能的关系，为具体的关联，属于现实的可能，而证据能力关联性，系调查与假定之要证事实具有可能的关系之证据，为调查证据之前作业，仍是抽象的关系，亦即单纯的可能，可能的可能。故证据之关联性，得分为证据能力关联性与证明价值关联性两种。前者，属于调查范围，亦即调查前之关联；后者属于判断范围，亦即调查后之关联性。"① 换言之，证据能力关联性属于宏观上的、前置性的关联性，证据证明力关联性属于微观上的、核心事实的关联性。前者目标是解决证据调查的范围，后者是在确定的证据调查范围基础上，对进入调查范围的证据证明力进行价值评判。故证据能力关联性主要关涉证据的调查程序，证据证明力关联性主要涉及证据与案件事实的内在联系。

（三）证据证明力关联性

如前所述，对证据证明力界定上有不同观点，在学说上具有代表性的一种观点是证据证明力是客观事实问题，不以人们的主观意志转移而转移。② 该观点与我国传统刑事诉讼法客观证明标准具有一致性，亦与对证据根本属性的认识有着密切的联系。1979 年颁布的《刑事诉讼法》第 31 条将证据定义为："证明案件真实情况的一切事实，都是证据"，从立法上确立了"证据是事实"的立场。证据"客观说"或"事实说"也成为当时学界的共识。③ 学术界随着对证据法学的研究深入发现"绝对的客观证据说"不具有现实性，从而提出"相对客观说"④ "法律真实说"⑤ 等概念。1996 年刑事诉讼法修订之后，相关司法解释确认了证据的关联性；2012 年修订刑事诉讼法汲取了司法实践成熟做法，将证据定义为可以用于

---

① 陈朴生：《刑事证据法》，三民书局 1979 年版，第 276 页。

② 参见陈伶俐：《证据相关性的判断与规则构建》，载《法律适用》2017 年第 24 期，第 66-71 页。

③ 阳平：《从客观性到相关性：中国证据法学四十年回顾与展望》，载《浙江工商大学学报》2018 年第 6 期，第 119-120 页。

④ 参见樊崇义主编：《证据法学》（第五版），法律出版社 2012 年版，第 151 页；宋英辉、汤维建主编：《证据法学研究述评》，中国人民公安大学出版社 2006 年版，第 162-163 页。

⑤ 参见樊崇义：《客观真实管见》，载《中国法学》2000 年第 1 期，第 115-120 页。

证明案件事实的材料，从而在立法层面承认了证据证明的关联性属性。2017 年最高人民法院《关于全面推进以审判为中心的刑事诉讼制度改革的实施意见》进一步明确证据证明力的关联性特征。该意见第 27 条规定："通过勘验、检查、搜查等方式收集的物证、书证等证据，未通过辨认、鉴定等方式确定其与案件事实的关联的，不得作为定案的根据。"

证据证明力属性从绝对客观到相对客观、法律真实再到关联性的发展过程亦是主观评价因素在证据证明力中由不承认到逐渐承认再到确认的过程。证据证明力关联性的本质是司法主体在诉讼活动中运用常识、经验与逻辑规则进行的一系列推定。该推定包含证据性事实、推断性事实、要素性事实与犯罪的客观要件事实。证据性事实是指控诉双方提供的证据，如控方提出的证人指出：受害人的右小腿在打斗中受伤。司法人员可以从该证据性事实中作出如下推论：受害人的右小腿确实在打斗中受伤，此为推断性事实。根据该推断性事实司法人员进一步得出要素性事实：受害人右小腿受伤是因为打斗行为造成的。在此基础上，司法人员可以得出犯罪构成要件事实：犯罪嫌疑人或被告人对受害人进行了暴力殴打行为。上述由证据性事实到要件事实的推理过程就是证据证明力相关性内涵的具体展现。从这一推理过程中，我们可以得出如下两个重要的结论：其一，证据证明力与司法主体的认识能力密切相关。换言之，证据证明力大小及有无与司法主体认识角度、逻辑推理过程有着紧密联系。不同的认识角度与逻辑推理都有可能影响到证据证明力的判断。其二，犯罪构成要件事实的最终得出需要其他证据的辅助，单一证据推论得出的事实并不能保证排除合理怀疑。故证据的证明力最终宜作为证据体系予以考虑。因为随着证据量的增加，原先认为没有证明力的证据可能在后续诉讼中具有证明力。反之，原先认为有证明力的证据，也可能受证据质与量的影响，在后续诉讼中失去证明力。

明晰证据关联性含义对于理解加密刑事电子数据证据关联性至关重要。因为在电子数据领域中，对刑事电子数据证据关联性作证据能力关联性与证明力关联性的区分显得更为必要。下文将从加密技术对刑事电子数据的证据能力关联性与证明力关联性两个方面的影响展开论述。

第二节　加密技术对刑事电子数据证据关联性的影响

一、加密技术对刑事电子数据证据能力关联性的影响

如前所述，刑事电子数据证据能力关联性与证据调查范围及调查程序密切相关。即刑事电子数据证据关联性解决的是通过何种手段获得的证据方可进入证据证明力关联性判断的视野。

（一）加密刑事电子数据证据搜查范围的确认

传统刑事搜查的对象具有空间与形态感，侦控人员只需要进入特定的物理空间基本就可以实现搜查的目的。与现实空间不同的是，人类无法进入虚拟空间，且不能通过常规的手段搜查发现相关证据。虚拟空间证据获取与判断必须借助高科技手段。更为重要的是，加密刑事电子数据使得虚拟空间有了层次性。有学者与实务人员将其与现实空间作对比，认为可以将一般意义上的虚拟空间类比为现实空间，加密的文档属于封闭的场所或容器，对一般的虚拟空间可以进行一般意义上的搜查，对加密文档则受合理隐私权的保护，需要履行特殊的搜查程序。笔者认为，这一类比并不十分妥当。首先，虚拟空间难以类比为现实空间。现实空间中的隐私权表现为人类在特定场所内相关信息、财产等的保密性。虚拟空间中的隐私权则表现为对各类数据信息的保密性。原则上，手机、计算机等能够被所有者占有控制，且他人无法直接了解的信息都属于个人的隐私对象。就此而言，电子数据信息的特殊存在方式使得该类信息具有隐私性特点。国外相关判例也均认可电子数据的隐私性。如在 Trulock v. Freeh 一案①中，警察凭借搜查令搜查了行为人的计算机。该判例中，将行为人计算机视为具有

① Trulock v. Freeh，275 F. 3d 391（4th Cir. 2000）.

合理隐私期待权的对象，若对其实施搜查必须有搜查令。但当警察进一步搜查了该计算机中的加密文档时，法院认为警察的行为不具有合法根据，属于违法搜查。法院的这一认定实际上将电子数据作为一般意义上的隐私对象，所有者对其数据拥有合理的隐私期待权。但上述电子数据里面的加密电子数据则成为独立的拥有隐私权的对象，警察欲对其实施搜查必须单独申请搜查令。在 United States v. Runyan[①] 与 People v. Emerson[②] 案件中，法官分别将加密的“磁盘”与加密的文件看作封闭的容器，警察不能单凭一般意义上的搜查令对上述加密数据信息进行搜查。因为行为人对上述文件进行加密是希望上述电子数据信息不会被除拥有密码以外的人看到，相较于其他电子数据信息，行为人对加密信息拥有更具有可期待性的隐私权，理应对其加强保护。就此而言，电子数据信息具有两层意义上的合理隐私期待权：一是非加密电子数据信息的合理隐私期待权；二是基于加密而形成的更具有合理的隐私期待权的电子数据信息。侦控机关若对电子数据信息进行搜查必须进行二次搜查令的申请，一次申请永远有效的搜查令在电子数据信息领域缺乏合理性。

在电子数据需要采取二次搜查的基础上需要进一步思考的是，加密电子数据信息与案件信息的关联性程度问题能否影响搜查的范围。根据加密的对象不同，电子数据加密信息范围表现出较大的差异。行为人可能会对个别的 word 文档进行加密，也可能同时对包含多个文档信息的文件夹进行加密，还有可能对计算机系统中的某个磁盘进行加密，甚至是对整部计算机系统进行加密。是否需要对所有的加密信息进行二次搜查令的申请，这需要结合加密的信息类型进行判断。现在多数多媒体、智能系统都带有开机密码设置。该密码一般是系统自行产生，甚至有些人不愿意使用该密码系统，但受限于系统只能使用。就此而言，行为人设置该密码的目的可能并非防止其他人查阅其计算机系统上的电子数据信息，而是出于不得已而为之。对此类因系统自带密码而成立的电子数据信息，原则上行为人不享

① United States v. Runyan，275 F. 3d 499，464-65（5th Cir. 2001）.

② People v. Emerson，766 N. Y. S. 2d 482，488（N. Y. Sup. Ct. 2003）.

有更具有合理性的隐私期待权。侦控机关在获得一般意义上搜查时即拥有打开该计算机系统的权力，除非有证据证明，行为人设置该密码有其特殊的隐私期待权。这可以从以下几个方面进行综合判断：一是开机密码的复杂性程度；二是是否对开机密码系统进行了升级换代；三是打开计算机是否就意味着对计算机的敏感信息一览无余；四是其他考虑因素。对于加密电子数据本身与案件的关联程度问题也是侦控机关必须予以考虑的因素（具体如何进行判断适用在下文中的证据能力规则部分予以论述，在此不再赘述）。

有必要进一步探讨的是密码是否属于刑事搜查的对象。密码是打开加密刑事电子数据信息的关键。侦控机关在无法自行打开加密电子数据时，即使其取得了加密刑事电子数据的搜查令，也无法实现搜集电子数据证据的目的。就此而言，密码与刑事电子数据本身是须臾不可分割的，两者没有实质性区别。司法实务中，有人认为，要求行为人提供密码与提供电子数据是不一样的，提供密码可能会受到不被强制自证其罪原则的限制，但提供电子数据本身则不会构成对这一原则的冲突。① 这一说法只能适用于英美法系国家。因为在英美法系国家承认行为人属于广义上的证人。很多电子数据信息属于系统自动生成的信息，与行为人无关，即此证据不是在侦控机关施压之下形成，故可以对其采信。但密码不同，密码可能需要行为人提供，尤其是处于动态变换中的密码更是如此。笔者认为，英美法系上述观点并不适用于我国。密码与电子数据信息具有等质性，因为侦控机关取得了电子数据的密码，就等于取得了加密电子数据信息。就此而言，刑事搜查的对象理应包括密码，受到刑事搜查规则的严格限制。换言之，侦控机关无论要求行为人提供电子数据还是密码，如果其属于对行为人自己不利的证据则一定会受到不被强迫自证其罪原则的限制。

（二）加密刑事电子数据证据获取与不被强迫自证其罪原则的关系

基于网络安全需要，网络公司与软件开发公司均在不同程度上对网络

① Phillip R. Reitinger: Compelled Production of Plaintext and Keys, 1996 U. Chi. Legal F. 171, 195-197.

数据实施密码保护。有些软件产生的密码安全性极高，侦查机关无法破解。如腾讯公司对QQ聊天工具中的用户登录密码及传输密码采取了不同方式的加密技术。一般意义上的解密软件对上述密码无法解密，这给侦查机关破获案件带来较大的阻力。与传统搜查不同，针对加密刑事电子数据证据的取得需要二次取证：一是搜查该加密数据的载体；二是搜查加密数据本身。传统搜查对象指向的是物理空间，侦查机关只要获得搜查证，对特定物理空间进行搜查即可完成搜查任务。但对加密电子数据的搜查完全不同，侦查机关搜查到电子数据载体并非意味着掌握了电子数据证据。搜查电子设备之后能否意味着侦查机关同时取得了加密之后的电子数据问题目前在我国尚缺乏立法依据。囿于加密刑事电子数据证据的无形性，针对有形证据搜查的传统规则难以对其适用，这甚至成为世界性疑难问题。

其实不仅仅是针对加密刑事电子数据的搜查存在疑难问题，即便是针对普通刑事电子数据证据的搜查也存在截然不同的做法。如在极为重视个人权益保障的美国，其司法实践对此也持有不同看法：一是将加密刑事电子数据证据视为特别的隐私权，需要进行特别申请搜查。搜查的主体只能是特定的专业技术人员，在针对搜查的电子数据进行隔离的前提下，只能针对搜查令状中指定的信息进行搜查。在搜查中任何多余的电子数据信息应该及时销毁，或者返还所有者。[①] 二是认为只要侦查机关获得电子数据证据载体的搜查证，就意味着获得了对加密电子数据证据的搜查权力，可以搜查该电子设备上的任何电子数据。[②] 就加密刑事电子数据的搜查而言更是如此。如在某一诈骗案件中，被告人将自己的手机交给了侦查人员，但该手机加密。侦查人员穷尽所有手段都不能将其破解。为应对这一问题，美国某些法院通常以传票的方式要求行为人提供手机密码以解锁手机。但这与其构建的任何人不被强迫自证其罪的原则可能存在冲突。美国不同法院对其做法不同。

---

① See United States V. Comprehensive Drug Testing, Inc. , 621 F. 3d 1162 (9th Cir. 2010).

② See United States V. Kernell, No. 308-CR-142, 2010 WL 1491873, at * 8 (E. D. Tenn. Mar. 31, 2010).

在 United States v. Kirschner 一案[1]中，被告涉嫌非法持有色情儿童照片，且将数字照片以加密文件的方式予以储存。检察官为此向法院申请传唤被告并要求被告提供密码，被告声称该做法违反任何人不被强迫自证其罪原则拒不提交文件密码。法院审查后作出了支持被告人说法的裁决，撤回检察官的传票申请。但在 In Re Boucher 一案[2]中，执法人员发现被告人在计算机中储存 4000 多张情色图片，执法人员怀疑上述图片中有涉及儿童的，但被告人对图片文件作了加密处理。本案中，参与调查的陪审团要求被告人提供文件密码，被告以其违背任何人不被强迫自证其罪原则为由拒绝提供文件密码。法院认为，被告人笔记本电脑中的文件内容是自己编写的，不属于证言，不受宪法修正案五的保护，故不支持被告人的理由，并要求被告人交出解密副本。美国法院对上述同类案件不同做法折射出惩罚犯罪与保障人权在加密刑事电子数据证据取舍中的冲突。对于上述何种做法更具有借鉴意义，我们难以作出统一判断，这必须结合我国立法与司法现实，小心论证加密刑事电子数据证据获取与任何人不被强迫自证其罪原则之间的关系。

新修订刑事诉讼法的进步之处是在刑事诉讼基本原则部分增加了“任何人不被强迫自证其罪”原则，但遗憾的是新修订的刑事诉讼法依然保留了原《刑事诉讼法》第 93 条规定的“犯罪嫌疑人对侦查人员的提问应该如实回答”。该法同时规定，侦查人员在讯问犯罪嫌疑人时应当告知其坦白从宽的法律规定。以至于有学者质疑“不得自证其罪”的具体适用条件。[3] 大数据给传统刑事诉讼原则与制度带来的不仅仅是适用形式上的变化，还深刻地影响到内容。加密刑事电子数据更是将传统刑事取证存在的问题予以充分暴露，并集中表现为对刑事电子数据证据能力关联性影响。“就加密数据而言，对加密计算机或设备所有文件执行搜查是否构成过度

---

① See C127 United States v. Kirschner. No. 09-MC-50872 2010 WL 1257355 at ∗ I (E. D. Mich. Mar. 30, 2010).

② See In Re Boucher, No, 2: 06-mj-91, 2009 WL 424718, at ∗ (D. Vt. Feb. 19, 2009).

③ 梁欣：《不得自证其罪原则适用的几个问题——兼评刑事诉讼法修正案（草案）第 49 条》，载《法律适用》2012 年第 3 期，第 30-33 页。

搜查？当执法机构无法破解加密设备时，要求被告提供密码或解密数据是否构成自证其罪？当被告拒绝服从提供密码或解密数据的法庭命令时，应该采取何种补救机制？这些都是司法机关急需解决的问题。”①

二、加密技术对刑事电子数据证据证明力关联性的影响

（一）司法主体对加密刑事电子数据证据证明力内容的认知

如前所述，对证据证明力关联性的判断离不开司法主体的一系列知识，至于该知识包括哪些内容，司法实践与学术界表现出高度一致性：均通过“逻辑”“经验”“常识”等概括性术语简单带过，未有具体规定与详细论证。根据证据知识的属性不同，可以将证据知识区分为证据自身的知识与证据生成机制的知识。② 证据自身的知识是指证据本身包含的能够证明案件的信息是什么。如在犯罪嫌疑人计算机中搜查出的犯罪计划，通过该计划可以证明犯罪嫌疑人的犯罪动机、犯罪过程等犯罪构成要件事实，对于该类普通证据知识，一般司法主体都能准确判断其与案件事实的相关性。但随着证据自身知识的变化，判断该知识是否与案件事实有关就变得困难与复杂起来。如若涉案证据为计算机源代码的侵权复制，当侦查机关查获的证据是一系列代码时，该代码与侵权代码之间关系的判断就没有那么简单。一般而言，司法者根本就不具备计算机源代码知识，判断其与案件事实是否相关不得不依赖具有专业知识的人员。而专业知识的人员的判断方法是否科学，判断依据是否合理，依然需要司法主体运用相关知识予以识别。进一步而言，对于加密刑事电子数据证据相关性的判断，司法主体需要对加密这一知识进行认知，包括加密的方法、加密的安全程度、解密的方法、解密的安全程度等。若司法主体不能对上述证据自身内容认知就不可能对其是否具有相关性作出准确的判断。但司法主体仅有对证据自身内容的认知是远远不够的，司法主体需要进一步认知该证据生成

---

① 熊志海、周国平：《美国加密数据的强制性披露》，载《时代法学》2013 年第 1 期，第 111 页。

② 参见周洪波：《证明标准视野中的证据相关性——以刑事诉讼为中心的比较分析》，《法律科学（西北政法学院学报）》2006 年第 2 期，第 83-94 页。

的机制。

证据生成机制的知识认知是指司法主体对犯罪行为留存证据过程应有明确的了解与把握。任何犯罪证据都是犯罪行为作用于特定对象之后留下的痕迹。在数字领域，了解犯罪行为如何与虚拟空间发生作用从而留存相关证据是司法主体在证据与案件事实之间搭建关联的重要一环。与传统现实空间发生的犯罪不同，虚拟空间的犯罪行为介入了机器设备与各种电子系统，传统的人—人互动转变为人—机—人互动关系。刑事电子数据证据带有明显的机器烙印。在加密刑事电子数据证据领域，密码生成程序，密码的设定者与密码的开启使用者是否一致都将影响到电子数据证据与案件事实关联性的认定。传统证据的关联性表现出单一性特征，刑事电子数据证据则具有明显的双重性特质。有学者称之为双联性，包括内容的关联性与载体的关联性。“内容关联性是电子证据的数据信息同案件事实之间的关联性，载体关联性是电子证据的信息载体同当事人或其他诉讼参与人之间的关联性。具体来说，前者影响案件事实存在或不存在之认定，后者确定电子证据所蕴含的信息同案件当事人等主体有无关联；前者属于一种经验上的关联性，后者属于一种法律上的关联性；前者等同于对传统证据提出的一致要求，后者体现出对电子证据关联性的特殊要求；前者主要涉及物理空间，即判断电子证据的内容是否对证明物理空间的案件事实产生了实质性影响，后者则主要涉及虚拟空间，即借助电子证据的形式确立虚拟空间的案件事实并搭建两个空间的对应关系。”① 就加密刑事电子数据而言，司法主体必须查明对于行为人在现实空间是否实施了对特定电子数据加密的行为，并判断该加密电子数据内容与实施加密的人是否具有对应关系。

就此而言，司法主体对加密刑事电子数据生成机制的认知是证据自身内容与待证案件事实建立联系的重要纽带。传统证据领域中的证据生成机制与证据自身内容之间的关系是比较隐晦的，但在刑事虚拟空间领域生成的证据将这一问题明显化，尤其是加密技术在计算机网络空间领域中的运

① 刘品新：《电子证据的关联性》，载《法学研究》2016 年第 6 期，第 178-179 页。

用迫使立法者作出立法应对。[①]

（二）司法主体对加密刑事电子数据证据关联性的审查

与客观证据观相比，证据证明关联性的本质是降低了司法主体对证据与案件事实之间的关联程度。这与刑事司法领域证据证明方式的变化有着紧密的关系。在传统现实空间中，证据稀缺性特征明显，证据的“质”在认定犯罪事实中扮演着极为重要的角色，这决定了司法实践尤其重视强因果关系，重视个体证据与犯罪事实的强关联性。但在大数据背景下，海量数据证据改变了传统的证据稀缺性特征，大样本乃至全样本的证据分析变得可行。在此背景下，单个证据与案件事实的强关系转变为弱关系成为一种可能。这在一定程度上催生了关联性证据观念与制度。关联性证据制度旨在将任何带有趋向性的证据视为与案件事实相关。换言之，“如果任何正常人在评估要素性事实（FOC）的概率时可能受到影响，那么，该证据就达到了相关性标准。这是一个鼓励采纳证据的规则”。[②] 在英美法系国家，关联性证据制度旨在增加陪审团信息，限制法官的自由裁量权。而我国创建该制度的目的则更多地迎合了大数据的发展，是在海量数据、信息爆炸下司法主体对证据自身知识及证据生成机制知识不足而有意降低刑事司法证明门槛的应对策略。

根据加密类型不同，加密技术大致可以区分为计算机传输加密技术、信息隐藏技术、存储加密技术、确认加密技术、量子加密技术、对称加密技术、非对称加密技术、密钥管理技术、数字签名技术等。[③] 行为人对电

① 随着电子数据证据及加密等网络技术的发展，相关部门先后以司法解释、部门规章等形式确认以载体关联为代表的电子数据生成机制审查规则；具体包括公安部发布的《检查规则》，最高人民检察院发布的《人民检察院刑事诉讼规则（试行）》，最高人民检察院发布的《人民检察院电子证据鉴定程序规则（试行）》，最高人民检察院发布的《人民检察院电子证据工作细则（试行审议稿）》，最高人民法院、最高人民检察院、公安部联合发布的《关于办理网络赌博犯罪案件适用法律若干问题的意见》，最高人民法院、最高人民检察院、公安部联合发布的《网络犯罪案件意见》，最高人民法院、最高人民检察院、公安部联合发布的《电子数据证据规定》。

② ［美］罗纳德·J. 艾伦：《证据的相关性和可采性》，张保生、强卉译，载《证据科学》2010 年第 3 期，第 379 页。

③ 参见方芳：《加密技术对计算机网络的影响与应用》，载《网络安全与技术应用》2017 年第 4 期，第 59-59 页。

子数据实施加密的动因无非是对外予以保密，不希望第三人任意翻看相关电子数据内容。加密刑事电子数据证据是相对于非加密刑事电子数据证据而言。一般而言，前者的证明力高于后者的证明力。但我们不能将其视为适用于一切情形的统一规则。具体证明力的大小需要结合案件具体情况作出细致判断。一般而言，加密技术越高级，电子数据被篡改的可能性就越低，电子数据的真实性程度就越高，相应地，电子数据证据证明案件事实的程度就越高。但电子数据证据的真实性程度不能等于电子数据证据与案件事实之间的关联程度。加密电子数据证据与案件事实是否相关及关联性程度高低仍需要进行个别化判断。根据加密电子数据证据形成方式不同，可以将其分为一维加密刑事电子数据证据与多维加密刑事电子数据证据。前者是指在行为人单独与计算机系统交互作用下产生的电子数据证据，如隐藏式电子数据证据。该类电子数据证据因无法得到其他人的证实，其证明力较低。多维刑事电子数据证据是指行为人在与他人互动交流中产生的电子数据证据。该类证据因有多人的参与，其与案件事实的关系可以得到相互验证，从而提高电子数据证据的证明力，如已经发生的加密电子邮件及加密的网络论坛等。

在同为加密刑事电子数据中，因加密方法不同，破解难易程度各异，第三人对电子数据证据进行修改的可能性随着加密技术的复杂与安全程度而降低。“如在非对称性加密技术中，RSA 系统加密方法是最为复杂的一种，经过此种方法加密的电子邮件证据证明力明显大于使用其他加密技术处理后的电子邮件证据证明力，因为在这一系统加密方法中降低了私钥传输被泄露的可能。司法主体应注意对加密方法的审查，加密方法越复杂则其获得的证据证明力应越高。”①

① 庄乾龙：《论加密技术对电子邮件证据力的影响》，载《时代法学》2012 年第 4 期，第 42 页。

第三节 加密刑事电子数据证据关联性法律规则的建构

一、加密刑事电子数据证据能力关联性法律规则

（一）密码提供商协助执法机构义务规则

加密刑事电子数据证据能否进入司法者的调查范围不能一概而论，必须结合加密刑事电子数据证据类型进行分析判断。这涉及国家公共政策、商业政策等与惩罚犯罪之间的利益考量及惩罚犯罪与保障人权之间关系的协调平衡。构建有效的获取刑事电子数据证据是打击犯罪的重要手段，但加密技术在很大程度上削弱了国家打击犯罪的力度。从打击犯罪的角度看，国家更倾向于对加密行为进行控制。美国于 1993 年发布了《密钥托管倡议》，并随后出台了《密钥托管协议》。该协议大致内容为，政府与特定部门加强对公民通信安全的保障，实施加密措施。但当执法机构需要追查犯罪时，可以根据法庭的授权获得托管机构的密钥，从而破解相关人员的通信秘密。上述倡议与协议遭到了诸多机构与人员的反对，他们认为上述倡议违反了《计算机安全法》的精神①，是政府对计算机安全领域的不适当干预。更为重要的是，执法部门完全有可能利用托管密钥潜在的漏洞，绕过司法机关的审查直接解密密钥，这将严重威胁到公众的通信及其他隐私安全。

我国政府对密码一直坚持“自主可控”的政策，对密码实行许可制

① 参见冯潇洒：《国外加密与执法案例分析及其对我国密码立法的启示》，载《信息安全研究》2018 年第 3 期，第 203 页。

度。自1999年开始，我国先后出台了若干部规范密码的规范性文件。[①] 上述文件规范的对象主要是商业密码，且未对侦查取证问题作出规定。2019年立法机关发布的《密码法（草案）》在实行核心密码与普通密码分类管理的基础上，对密码涉及的相关问题进行了较为系统的规范。但遗憾的是，作为规范密码的最高法律文件仍未对密码服务提供商对执法的协助义务问题作出清晰的规定。司法实务中对执法机构要求密码服务商提供协助的情形已是屡见不鲜，密码服务商对该协助义务履行情形也是各有不同。在某些案件中，密码服务提供商坚持用户利益至上的原则，拒绝将密码提供给执法机构。但在诸如贪污、贿赂等重大复杂的案件中，密码服务提供商则会配合执法机构为其提供用户的密码信息。这一度造成了司法实践的混乱局面：同一密码提供商针对不同案件采取不同的态度；不同密码提供商针对同一案件态度各异，毫无规律可循。相较于中国密码服务提供商的上述灵活做法，国外网络服务提供商在此方面表现出较大的统一性。2014年美国苹果公司与谷歌公司升级智能手机操作系统，对用户信息进行加密，且只有用户可以进行加密。该政策的出台惊动了美国政府，相关部门紧急召开针对该行为的“加密技术”听证会，强烈反对网络服务提供商的上述加密行为。但以苹果公司为代表的中间网络服务提供商仍然以对客户作出承诺为由坚持对客户信息加密。美国执法机构无奈只能寻求其他措施以弥补加密技术对侦查行为带来的障碍。

笔者认为，对加密技术采取何种政策，取决于一国对公民数据信息保护与国家安全利益的平衡。目前我国某些领域的犯罪依然十分严重，如在反腐高压下，贪污、贿赂犯罪现象虽然有所减轻，但总体情况依然不乐观。随着网络技术的发展，以网络诈骗为代表的新型网络犯罪层出不穷，打击犯罪维护国家安全在较长一段时间内仍然是我国的一项重要任务。基于此，美国网络服务提供商的加密技术政策并不可取。但目前过于粗疏、

---

① 具体包括：《商用密码管理条例》《商用密码产品生产管理规定》《商用密码产品销售管理规定》《商用密码产品使用管理规定》《境外组织和个人在华使用密码产品管理办法》《电子签名法》《电子认证服务密码管理办法》。此外，在《国家安全法》《保守国家秘密法》《网络安全法》《反恐怖主义法》《对外贸易法》《技术进出口管理条例》中也对密码问题作出了相关规定。

不具有可操作性的密码服务提供商的执法协助义务原则性规定，亦不适合平等保护公民合法权益的法律原则精神。考虑上述因素，可以对密码服务提供商的执法协助义务作类型化的区分。明确何种情形下，网络服务提供商应该提供密码，何种情形下不具有此协助义务。具体可以通过以下两种方式进行规范或限制：一是以犯罪性质与刑罚轻重为标准进行划分。对于可能判处10年以上有期徒刑、无期徒刑、死刑的贪污、贿赂犯罪案件、危害国家安全及采用暴力手段实施的严重危及人身安全、财产权利的案件及网络诈骗案件，网络服务提供商有义务协助执法机构提供相关密码破解服务。二是执法机关必须有证据证明该密码涉及的内容与破获上述案件有着直接的关联性，且穷尽其他合法手段仍然无法获取被采取加密技术的电子数据文件内容。上述两个条件应该同时具备。相应地，对于其他类型的案件，或者不符合上述条件的案件，网络服务提供商免除协助执法机构的义务，且应该履行保护客户密码的义务，即应禁止网络服务提供商自愿提供密码服务行为。

（二）刑事电子数据证据中的密码搜查规则

对刑事电子数据证据的搜查涉及两个步骤，一是对电子数据载体的搜查，二是对电子数据本身的搜查。电子数据载体与传统搜查对象并无实质区别，只需要遵循传统搜查规则即可。但对电子数据如何进行搜查则是值得讨论的问题，尤其是当所搜查的电子数据被采取加密技术处理后，这一问题就变得更为突出。我国目前缺乏对加密刑事电子数据搜查的规定。司法实务中，对加密刑事电子数据的获取一般采取“一并处理”原则，即刑事搜查对加密刑事电子数据载体与电子数据本身具有同等效力。刑事搜查令状并不区分电子数据载体与电子数据本身。换言之，执法机关只要取得刑事搜查令状即可对电子数据载体与电子数据进行搜查。若刑事搜查的电子数据有密码，则既可要求犯罪嫌疑人或被告人予以提供，也可以采取解密措施直接破解，同时亦可要求密码网络服务提供商予以协助。总之，对上述加密刑事电子数据的处理缺乏统一、有可操作性的规定，一切是以方便获得电子数据证据为准。

综观域外各国做法各异，但大致分为以下几种情形：一是在区分隐私权是否合理的基础上，判断政府的电子侵入行为是否合法。在 Katz v. United States 一案[①]中，法院确立了加密技术信息能否成为宪法修正案四保护对象的主客观双重判断标准：主观上表现出行为人对隐私权的切实期待；客观上该期待能够为大众所普遍认可。则此采取的加密信息应该依法得到保护，对其进行刑事搜查应该进行严格限制。二是第三方的例外原则。在 Miller[②] 一案中，当法院向银行送达传票后，银行将 Miller 所有银行账户信息发送给法院。法院基于银行这一第三方的自愿递交行为获得了行为人加密电子数据信息，则该刑事电了数据证据具有了证据能力关联性。三是加密文件的丢弃行为导致隐私权不受保护。在 Scott[③] 一案中，行为人将文件用碎纸机粉碎后丢弃于废纸筒，后执法机构将该碎纸拼接还原。行为人认为该文件被切碎后不能由其他人任意审阅，执法机构的行为造成对隐私权的侵犯。法院认为，即使行为人使用加密手段隐藏电子数据后，将该电子数据丢弃并不希望执法机构破解获得数据信息的行为，不属于隐私权保护的范围。四是用提供解密副本方式代替提供密码。在英美法系国家，犯罪嫌疑人、被告人也属于证人，证人必须提交受传唤的个人信息，包括加密的电子数据信息。[④] 故当行为人涉案电子数据信息被加密，法院则要求其以证人身份提交电子数据信息为由，规避其提交密码，从而获得加密电子数据证据。五是执法机关自我研发解密软件，对加密信息进行破解。当然通过该种方式获取的加密电子数据不属于个人隐私权范畴。六是采用证人缺失推定制度。[⑤] 该制度意指当行为人掌控着证据，且行为人不愿意交出该证据，控方又无法通过其他途径获得该证据时，法院可以指示陪审团基于上述理由推断该证据对行为人不利，从而迫使行为人交出该证据。

---

① Katz v. United States, 389, U. S. 347, 361 (1967).

② United States v. Miller, 425, U. S. 435, 443 (1976).

③ United States v. Scott, 95 F. 2d 927 (lst Cir. 1992).

④ 吴宏耀：《反对强迫自证其罪特权原则的引入与制度构建》，载《法学》2008 年第 6 期，第 20-27 页。

⑤ John E. D. Larkin：COMPELLED PRODCTION OF ENCRYPTED DATA [M], Vand. J. Ent. & Tech. L. 253 (2012).

综上，我国司法实践做法与国外相比灵活性有余，但可操作性不足。国外相关规则相对丰富，但其做法也并非尽善尽美。以美国为代表的西方法治发达国家，一般将加密数据信息作为个人隐私予以对待，从而对其予以合法保护，若对其进行搜查则必须严格遵守相关法律规定，当搜查加密刑事电子数据侵犯其隐私权时，则执法机关获得的电子数据信息应当予以排除。在上述 Miller 一案中，银行作为独立第三方披露了行为人的加密电子数据信息，法院将银行的这一做法作为第三方例外予以采纳有一定的法理根据。但通过此种方法获得的加密数据，独立第三方是否履行了银行保密义务是值得推敲的。倘若允许或鼓励该行为，则极有可能诱发执法机关通过额外的力量动员独立第三方“自愿”交出行为人的加密刑事电子数据信息。如此，商业秘密与查获犯罪之间的利益就很难达到平衡。法院通过要求行为人以证人的身份提供解密副本方式代替提供密码，这是在英美法系国家特有的广义证人制度下方可行得通的方法，对我国并没有太大的借鉴意义。相比较而言，证人推定缺失制度有着更强的借鉴意义，可以考虑以此为基础构建中国特色的加密刑事电子数据证据搜查制度。

一切合法的电子数据信息原则上都应受到法律的保护，尤其是加密电子数据信息。但当电子数据信息属于违法犯罪信息时，侦控机关拥有对其控制的权限。但当电子数据信息被加密时，我们无法通过被加密的文件或者载体予以判断该数据信息属于合法信息还是违法信息，只有破解密码后方可了解该电子数据信息的性质。尽管我国刑事搜查制度并没有明确该制度保护的对象，但根据搜查的范围与内容，我们也能大致得出该制度保护的对象包括住宅安宁权、隐私权及个人信息数据权等。这也是刑事搜查为什么需要以取得搜查令为前提的原因。当公民加密电子数据信息时，其目的就是不想让第三人知晓该电子数据信息内容，故公民原则上拥有对加密电子数据信息的隐私权或数据信息权。执法机关若要取得该电子数据信息则必须获得搜查令。一旦执法机关通过搜查令合法获取了电子数据加密信息，则权利人就丧失了对该加密信息的控制，执法机关拥有对该加密电子数据信息进行破解的权利。故在此情形下，执法机关可以通过开发解密软件的方式破解该加密电子数据。但当执法机关无力破解该加密数据信息时，则需要通过其他合法途径获得该加密电子数据信息的密码。为此，可以考虑设计如下途径：其一，合法获得第三人的帮助。该第三人主要涉及以下三类群体：一是附加义务的密码提供商。若案件属于上文提到的特殊案件，密码提供商有义务协助执法机关破解该密码。二是掌握该密码的其他证人。如共同掌握密码的第三人，若其愿意向执法机关提供所掌握的密码，则执法机关可以用此密码破解加密刑事电子数据信息。三是未附加义务的密码提供商。若本案属于上述特殊案件，密码提供商自愿打破商业秘密规则，向执法机关提供密码的，执法机关视为合法获得密码，有权以此密码破解加密刑事电子数据信息。其二，构建同意搜查制度。尽管司法实践中已然承认同意搜查，但规则阙如。未来立法有必要进一步完善同意搜查规则，使其形成制度化体系。在此制度下，若行为人自愿交付密码，则执法机关可以就此合法获得该密码并予以破解。其三，为贯彻我国刑事诉讼法确立的任何人不被强迫自证其罪的原则，借鉴吸收国外的证人缺失推定制度。该制度是指当有证据证明只有行为人掌握该证据，且该证据可能是唯一的时，对证明案件事实将起到关键性作用。则法官可以推定该证据对行为人不利，以此迫使行为人提出该证据。在加密刑事电子数据证据中，就转化为迫使行为人交出密码。[①] 如此，可以打破行为人的证据优势，实现控辩平等。

当然，因电子数据信息的无形性，哪些电子数据信息与案件有关并不是一件容易确定的事情。原则上，执法机关在申请搜查令状时，应就搜查的文件类型、存储路径等内容予以明确，执法机关只能在令状范围内进行搜查。司法实践中，行为人因加密对象不同，其搜查范围可能会有差异。如行为人若就整部计算机进行了加密，则执法机关必须分清哪些文件与案件有关，将无关的文件予以过滤掉。但若有关文件信息与无关文件信息混杂在一起，需要一并搜查时，执法机关不能将无关的文件信息予以泄露或者非法使用。若行为人只就与犯罪有关的电子数据信息进行了加密，则执

① See Robert H. Sties, Jr: Revisiting the Missing Witness lnference-Quieting the Loud Voice from the Empty Chair, 44 Md. L. Rev. 137, 175-76 (1985).

法机关只能针对该加密电子数据信息进行搜查。对与其他无关的电子数据信息不能进行搜查，若无关的电子数据信息能够与加密刑事电子数据信息分清，则执法机关原则上应将无关的电子数据交还行为人。若执法机关在搜查中没有遵守上述规定，给行为人造成损失的，执法机关应承担赔偿义务。此外，立法应该赋予行为人合法的救济途径，以保护自己受损的合法权益得到及时的补救。

二、加密刑事电子数据证据证明力关联性法律规则

加密刑事电子数据证据证明力关联性本质上属于事实、经验判断范畴，与法律没有关系，属于典型的自由裁量对象。故对其设置如其他诉讼程序、制度一样的细致规则不具有可行性。但在司法实践中，因缺乏关联性法律规则的指引，导致司法者对其讳莫如深，要么回避这一问题，要么武断地认定关联性的有无或者大小。尤其是，当司法者对涉案当事人的关联性认定质疑不予以回应时，会降低司法裁判的可接受性，削弱司法权威。

（一）虚拟与现实空间的关联性法律规则

如前所述，电子数据证据与物理空间内的证据证明力有明显差异。物理空间内的证据证明力具有直接性，即某一证据与案件事实可以直接发生关联从而证明案件事实。虚拟空间的电子数据证据需要进行二次关联，方可对案件事实起到证明作用。证据均由载体与信息组成，[①] 物理空间的证据只需要关注其信息或内容即可评价其证明力。但电子数据证据载体的重要性在于其可以影响信息的证明力。换言之，判断电子数据信息内容与案件事实之间是否有关联性或关联性之大小的前提是证据载体具有关联性。从形式上看，载体的关联性主要涉及不同空间领域转换关系的确认，即需要将虚拟空间留存的证据信息与现实空间的行为主体进行对应。对于加密刑事电子数据而言，需要证明行为人在虚拟空间留存的证据信息是该人所为。

---

① 参见陈瑞华：《刑事证据法学》，北京大学出版社 2012 年版，第 63 页。

就此而言，加密刑事电子数据中的虚拟与现实空间的关联性主要包括以下几个方面：加密身份的关联、加密行为的关联、加密载体的关联与加密时空的关联。加密身份的关联是指对刑事电子数据进行加密的人的身份与案件行为人有关联。如在一起网络诈骗案件中，被告人否认向被害人发送过加密短信。被害人提供的加密短信中无从得知发送短信的人是谁，则被告人很可能被作无罪处理。加密行为的关联是指行为人实施了加密电子数据的发送或储存等行为。如在某一谋杀案件中，有一封谋杀恐吓的加密电子邮件发送给被害人。行为人承认该加密电子邮件是自己制作的，但其否认实施过发送行为。其辩称可能是由诸如黑客等人侵入其计算机系统冒充行为人实施了发送行为。本案中查明发送该加密邮件的人的身份对于该案件的查明有着重要的作用。加密载体的关联是指承载电子数据信息的载体与案件当事人的关系。例如，某网络盗窃案中，执法机关获得一部加密手机，经解密得知行为人正是通过该部手机实施了多次诈骗行为。执法机关在讯问犯罪嫌疑人时，该犯罪嫌疑人否认该加密手机是自己的。再如，在 2016 年发生的“快播公司涉嫌传播淫秽物品牟利罪一案”中，辩方针对控方提出的服务器硬盘质疑少了一块，从而否认该服务器硬盘来自快播公司，从而否定控方的指控。① 加密时空的关联性具体又可以细分为时间的关联性与空间的关联性。时间的关联性是指行为人在虚拟空间内实施的犯罪行为与现实空间的时间具有联系。如行为人通过发送加密文件感染计算机病毒的计算机显示时间与现实空间中用户计算机感染病毒的时间不一致时，则难以认定行为人的行为与案件事实之间存在关联。空间的关联性是指行为人实施加密电子数据的行为发生的虚拟空间 IP、MAC 地址是否为行为人所使用。如行为人通过加密手段对他人的股票进行交易练手，造成他人股票重大损失，其行为涉嫌故意毁坏财物罪。侦查机关对其立案侦查。行为人辩解称，尽管该行为是通过自己的计算机 IP 地址进入目标系统，但也极有可能是他人非法使用了自己的 IP 地址进行登录。就该案而

① 快播涉黄案公开庭审全程文字实录：https：//tech. qq. com/a/20160108/062986. htm. [2016-1-8] / [2019-3-9].

言，若行为人的辩解成立，则其犯罪行为就不能成立。

就目前来看，立法层面尚缺乏有针对性的关联性审查规则。司法实践中，司法机关对上述当事人的抗辩多采取回避的态度。个别司法判例虽然对其抗辩进行了回应，但缺乏理论深度。基于上述分析，笔者认为，结合加密刑事电子数据特征，虚拟与现实空间的关联性规则的构建应基于当事人的抗辩进行设置。

首先是加密身份的关联性规则。在执法机关收集到无身份证明的加密电子数据后，司法主体宜从以下两个方面进行审查判断主体身份：一是加密的数据类型，根据加密数据类型进行主体身份的推断，若属于特殊加密类型，行为人的专业属性是重要筛查对象；二是结合 IP 地址、系统登录时间、视频资料及相关证人证言等证据进行综合审查判断行为人的身份。对于有特定涉嫌犯罪行为人，在该行为人否认自己是加密电子数据发送者、制作者时，可以从其是否实施过同类型的特殊加密方法对数据信息进行加密的行为来审查判断。若有证据证明，行为人所采取的加密方法极为特殊，且在其相关电子数据文件中发现有该类型的加密电子数据类型，则可推定行为人具有实施该行为的嫌疑，但行为人能够提出反驳证据的除外。对于行为人采取的是一般加密类型的刑事电子数据不宜以上述方法进行推定，需要结合其他综合性证据进行进一步审查判断。

其次是加密行为关联性规则。在该类型的关联性判断中，行为人身份确定，只是行为人否认实施过特定行为。当行为人否认其实施过诸如发送加密电子邮件特定行为时，司法主体应着重审查行为人对该电子数据行为的控制能力。若行为人对该数据行为能够绝对控制，则可认定行为人实施了该行为。如发送的加密电子数据信息只针对特定对象起作用，在他人无法破解该加密电子数据信息的情况下，可推定行为人对该加密数据信息进行了推送行为，除非行为人能够提出有效的抗辩证据。若行为人对该数据行为只能进行相对控制，则其加密身份是否具有关联性需要结合案件中的其他证据进行综合判断。

再次是加密载体的关联性。在此类关联性指控中，行为人的抗辩理由表现出较大的一致性：侦控机关提出的加密数据信息设备并非为行为人所有或者单独所有。对此，司法主体应着力于以下几个方面的审查：一是加密电子数据设备的型号、品牌、颜色及外观等；二是加密电子数据设备上留存的指纹、使用记录；三是加密电子设备中其他与行为人的关联性电子数据信息。上述方法应综合采用。司法实务中，不乏办案机关只是简单地以上述第一种审查对象作为推断行为人所属电子设备的证据，这是不够的。因为同类型、品牌乃至颜色的设备并非单一的，就此不能排除其所有者为他人。

最后是加密时空的关联性，具体区分为加密时间关联性与加密空间关联性。加密时间关联性是指加密刑事电子数据证据的形成时间应与物理空间内的时间保持一致。司法者对此需要重点审查加密刑事电子数据证据中系统时间与物理时间本身是否一致。绝大多数虚拟空间实施犯罪行为的时间与物理空间发生的时间是一致的，但可能由于主客观原因的不同，系统时间与物理时间并不一致。司法主体在审查时应关注执法机关在收集该证据时，原系统时间与物理时间是否一致，如果不一致，其时间差值是多少。这对后续认定犯罪的作案时间极为重要。[①] 加密空间关联性审查的重点应该是虚拟地址是否为行为人所有，该地址是否存在他人共有的情形。根据行为人抗辩的通常理由——被他人冒用，司法者应着力审查他人冒用的动机、冒用的可能性群体等因素。同时，需要结合该地址被使用的时间，行为人当时所处的物理空间证明等因素进行综合判断加密刑事电子数据信息与行为人之间的关联性。

（二）证据与案件事实的关联性法律规则

证据与案件事实的关联性又称为电子数据信息或内容与案件事实之间的关联性。在确认证据与案件事实的关联性法律规则之前，应该了解司法者将证据与案件事实进行关联的过程。证据本身无所谓立场，其本质是中

---

① 例如，在一起伪基站犯罪案件中，为了查证嫌疑人利用伪基站发送短信的行为造成多少用户通信中断，警方聘请专家对嫌疑人计算机中的发送记录和日志进行了检验。但是，在送检之前警方提取计算机时，发现“计算机系统时间与北京时间不吻合”，即计算机系统时间不反映物理空间时间，而由于疏忽也未能记录计算机系统时间与物理时间的实际差值。这就造成了对中断通信用户数的鉴定意见缺少时间关联性的困扰。刘品新：《电子证据的关联性》，载《法学研究》2016 年第 6 期，第 181 页。

间性的，故证据性事实又可以称为中间性事实。证据证明力的关联性关键问题也就在于司法者如何看待这一中间性事实。以下以具体个案予以说明这一关联过程。假设证人乙向执法机构证明甲在该地区发生恐怖袭击之后的10分钟内将一封加密的电子邮件发送给了一个神秘的阿拉伯人。包括司法者在内的所有人在看到乙的证言之后都可能认定甲发送的该电子邮件可能与恐怖信息有关。当我们看到乙的这份证言之后就会把我们自己的专业知识、生活经验等与上述中间性事实关联起来。就本证据而言，司法者在看到“恐怖袭击”一词之后就会敏感地联想到该事实也许与恐怖袭击事件有关。“10分钟”说明时间比较迅速，而“加密”一词让我们更有理由怀疑该电子邮件内容有不可告人之处。至于“神秘”一词也许有人认为这是证人的意见不能作为证据来使用，但“意见”与“事实”本来就难以区分，况且乙完全有可能有其他证据能够证明此人的“神秘”之处，或者行踪表现为比较诡秘，或者外在打扮比较可疑等。就此而言，作为司法者不会轻易将这一不确定的“意见”排除。结合其他关键词的理解，司法者更有可能接受“神秘”这一词语。“阿拉伯人”作为中东特殊地区的人员本身就值得警惕。综合上述因素，司法者就可能推断该加密电子邮件可能涉嫌犯罪的事实。就此而言，证据证明力的相关性本质是能否让一个司法者相信这一中间性事实或主张，从而为司法者在对某事实难以确定时进行确信的推断。

对此，我们可以得出一个简单的结论，证据证明力的相关性实际上是证据事实与司法者背景知识的关联性。可以肯定的是，在法庭上呈现的证据无法自发证明案件事实。该证据与案件事实发生需要在两方主体的努力下方能予以实现。其中一方是对证据的解说者或者使用者，司法实践中表现为控辩双方。上述主体需要努力将该证据性事实或中间性事实嵌入司法者的先前专业知识、逻辑经验中去，让司法者接受该中间性事实，从而为后续事实的判断做准备。如此，该证据就是相关的。反之，若该证据性事实并没有被司法者的经验、知识接受，则该证据即使在客观上与案件事实有关，也不可能成为影响案件事实的证据，在法律意义上缺乏其相关性。但需要引起注意的是，即使在某一单个证据性事实没有对司法者产生倾向性认识时，司法者一般也不会断然以该证据不具有相关性而将其予以排除。这在国外称为附条件的相关性。在我国，虽然没有该专业术语，但法官是通过证据的综合审查判断予以实现的，可以说是殊途同归。就上述举例而言，司法者可能认为该电子邮件内容与行为人涉嫌恐怖犯罪有关，但若后续解密该电子邮件内容发现其与犯罪事实无关，则此时的电子邮件又变得与案件事实无关。可见，证据证明力的相关性在案件中不是固定不变的，而是动态的，与相关人员的诉讼主张密切相关，亦与证据的量及司法者对证据的综合评价紧密相连。

加密刑事电子数据证据证明力相关性的特别之处是中间性事实的特殊性。加密技术具有专业性、复杂性及多变性特征。一般而言，司法者既有的专业知识与逻辑经验难以应付疑难复杂的采取加密技术形成的刑事电子数据证据。如加密之后的计算机病毒能否感染特定的电子信息文件，就是极为专业的问题。此时，司法者不得不依赖专业技术人员。而专业人员对加密技术有时会依赖人工智能。将人工智能运用于刑事司法目的是“将统一的证据标准镶嵌到数据化的程序中，减少司法任意性，推进以审判为中心的刑事诉讼制度改革的目标”。[①] 但从人工智能运用于刑事证据判断的发展趋势来看，除了证据指引、单一证据的校验之外，司法机关还在努力尝试使人工智能具有判断证明标准的功能。[②] 需要引起注意的是，人工智能是逻辑性的，证明过程则充满了非逻辑性，是逻辑与非逻辑的统一，是经验与逻辑的统一，人工智能难以实现证明任务。就此而言，司法者绝不能完全依赖专业人员。换言之，应将专业人员的作用限制于解释说明加密技术的原理，可能存在的技术风险，而该风险导致的法律风险必须由司法者进行判断。就此而言，专业人员的角色相当于帮助控辩双方就专业性的证据性事实或中间性事实向司法者作出说明，从而使司法者产生倾向性认识。进一步而言，庭审中的专业人员需要作控辩区分，且法庭一般不宜单

① 李波，吴万相：《完善司法责任制，着力打造“智慧检务”，办案质效明显提升——“贵州答卷”让人眼前一亮》，载《检察日报》2017 年 7 月 9 日，第 1 版。

② 赵艳红：《人工智能在刑事证明标准判断中的运用问题探讨》，载《上海交通大学学报（哲学社会科学版）》2019 年第 2 期，第 55 页。

独聘请专业人员。专业人员作为控辩双方中的人员可以努力起到向司法者解释证明的作用，若由法庭自己聘请专业人员解读加密技术原理，则可能产生不公正的误导。

综上，加密刑事电子数据证据与案件事实关联性审查判断中应注意以下情形：首先，加密技术的专业人员解读不能代替司法者的裁判，原则上该专业人员应由控辩双方予以聘请。其次，司法主体对加密刑事电子数据证据证明力的判断是一个动态的过程，贯穿于整个刑事审判活动中，既表现为对单个证据的审查，也应体现为对总体证据与案件事实关联性的考察。在证据证明力判断上不宜设置中间性的排除规则，只能做终局性的总体考察之后方能确定何者具有证明力，能够作为定案的根据。最后，司法者基于专业知识、经验对证据性事实进行推断从而得出构建要件事实结论只要符合逻辑推论过程，符合其既有经验知识，即使出现案件认定错误，不宜认定为错案。因为证据的相关性中的司法者既有知识与经验等不可能存在百分之百正确的可能性。尤其是随着互联网的发展，加密技术的日益复杂化，司法者不能及时储备日新月异的更新知识是正常现象，因为该原因而导致的倾向性认识产生误差，从而作出不准确的事实推定，并非由于司法者的主观过错造成。

第六章 大数据整合行为定性及其规则运用

人工智能、互联网等技术的叠加使得物质世界被量化由可能转变为现实。而当文字、地理位置乃至人类沟通被量化时，大数据也就应运而生。人们的生活与工作被基本数据、交易数据、观察数据等一系列数据所包围。“对这些数据进行系统的加工并且正确地阐释，使得人们可以通过这些数据对个人或者群体及其行为进行深入的推断。”① 这是大数据的真正价值所在。看似不相关的数据，经过对大数据的特定分析即可发现其对特定事项的意义。也正是因为大数据可能的无限价值，包括我国在内的很多国家将其上升为国家战略。② 大数据同样对刑事司法领域产生了重要影响。尤其是在刑事侦查领域，大数据在查获犯罪线索，锁定犯罪嫌疑人方面表现出明显的优势，但规制大数据在侦查中的相应规范却处于空白状态。司法实践的有效性与法律规范的缺失促使学界对大数据在侦查中应用问题表现出前所未有的关注，先后涌现了一批学术研究成果。通观研究成果其共性是将大数据在侦查犯罪中的应用视为新型的侦查方式，并冠名为“大数

① ［德］罗纳德·巴赫曼，吉多·肯珀等：《大数据时代下半场——数据治理、驱动与变现》，刘志则等译，北京联合出版公司2017年版，引言，第9页。

② 《中国共产党第十八届中央委员会第五次全体会议公报》，载《中国共产党第十八届中央委员会第五次全体会议文件汇编》，人民出版社2015年版，第7页。

据侦查”[①]。但何为“大数据侦查”并不清晰，有很多论者并没有对“大数据侦查”概念进行准确界定，似乎其是一个人所共知的概念，实则不然。

大数据侦查既非源于现有法律规定，也不是对域外成熟学术概念的引进，它是我国学者针对侦查人员在运用大数据进行线索查找，追查犯罪行为的一种描述。从字面含义看，“大数据侦查”似乎是侦查行为的一种创新，并由此形成特殊的侦查规则。但从个别学者对“大数据侦查”[②]概念的界定上看，大数据侦查本质上是对大数据进行收集、筛查与分析运用的行为。这与公安机关早期使用的“信息挖掘”等术语具有同质性。提出“大数据侦查”之类的“创新性”概念，会混淆对大数据与侦查关系的认识，反而不利于大数据在侦查领域的应用。[③]厘清大数据与侦查之间的关系对大数据的司法运用至关重要，而这与大数据在侦查中的运用性质定位有着紧密的联系。笔者认为，大数据运用中的收集、筛选、比对等行为其本质是对大数据的整合。本章试图在分析大数据整合行为的性质基础上，以大数据中垃圾大数据与常规大数据的区分为标准，探索大数据整合行为规则的运用。

---

① 参见王燃：《大数据侦查》，清华大学出版社 2017 年版；程雷：《大数据侦查的法律控制》，载《中国社会科学》2018 年第 11 期；陈纯柱、黎盛夏：《大数据侦查在司法活动中的应用与制度构建》，载《重庆邮电大学学报（社会科学版）》2018 年第 1 期；蒋涛：《大数据侦查带来的法律思考》，载《江苏警官学院学报》2018 年第 5 期；张可：《大数据侦查之程序控制：从行政逻辑迈向司法逻辑》，载《中国刑事法杂志》2019 年第 2 期；等等。

② 大数据侦查，是指通过计算机技术对存储于网络与计算机系统中的海量数据进行收集、共享、清洗、比对和挖掘，从而发现犯罪线索、证据信息或者犯罪嫌疑人的侦查措施与方法。程雷：《大数据侦查的法律控制》，载《中国社会科学》2018 年第 11 期，第 157 页。

③ 彭知辉：《“大数据侦查”质疑：关于大数据与侦查关系的思考》，载《中国人民公安大学学报（社会科学版）》2018 年第 4 期，第 25 页。

第一节　大数据整合行为的定性

一、大数据与侦查行为之间的关系

（一）大数据侦查概念的合理性辨析

我国刑事诉讼法将侦查界定为：公安机关、人民检察院对于刑事案件，依照法律进行的收集证据、查明案情的工作和有关的强制性措施。[①]可见，侦查包括收集证据、查明案情与采取有关强制性措施两个方面内容。强制性措施，是指侦查机关在侦查过程中所适用的限制或剥夺公民人身自由或财产权利的措施，包括限制或剥夺公民人身自由的五种强制措施和限制公民人身权利和财产权利的搜查、扣押、检查、通缉等侦查措施。[②]有人将大数据侦查行为界定为数据的收集、筛查、清洗及比对行为，[③]有人认为大数据侦查是以现代技术平台为支撑，通过对海量数据的深度挖掘、智能处理和专业分析而开展侦查工作的理念与方法之统称。[④]上述概念并不能涵盖侦查中的所有内容，特别是后者概念中强调的是通过大数据平台挖掘数据，分析结果予以查明案件事实，没有涵盖侦查中的强制性措施，不涉及公民人身自由的限制，更不是对当事人重大财产的剥夺。就此而言，大数据侦查并非贯穿于侦查活动中的侦查方法，大数据侦查更多的是在侦查中扮演辅助角色，使用“大数据侦查”概念给人以创制新型侦查类型的错觉。

更为重要的是，侦查行为是在立案之后，立案是开启刑事诉讼的必经

① 参见《刑事诉讼法》第108条。

② 张智辉、邓思清：《论我国刑事强制性措施制度的改革与完善》，载《法商研究》2006年第1期，第56页。

③ 参见程雷：《大数据侦查的法律控制》，载《中国社会科学》2018年第11期，第157页。

④ 李蕤：《大数据背景下侵财犯罪的发展演变与侦查策略探析——以北京市为样本》，载《中国人民公安大学学报（社会科学版）》2014年第4期，第150-156页。

阶段，也是侦查机关发动刑事侦查的合法根据。换言之，立案之前不能进行刑事侦查，但为了查获犯罪线索，寻找立案的根据，我国相关法律规章明确了刑事初查。尽管初查在刑事司法实践中起到了发现案件线索及相关案件证据材料的作用，但在现有法律体系内，刑事初查不具有侦查属性，不能受到刑事侦查规则的限制，侦查机关更不能使用侦查手段。持“大数据侦查”观点的学者认为，在大数据侦查中，根据侦查的目的不同，可将数据挖掘分为三类：“……三是事件驱动型数据挖掘（Event Driven Data Mining），也称为模式型监控，此种数据挖掘方法并非起始于具体明确的犯罪嫌疑人，而是用于发现过去或者未来事件的违法行为人。事件驱动或者模式驱动型数据挖掘用于搜寻反常的或者事先确定的行为模式或关系模式。”① 上述观点中的模式型监控目的是用于发现过去或者未来时间的违法行为人，这意味着侦查机关侦查的对象很有可能是尚未发现犯罪事实，尤其是对于未来时间的违法行为人的数据监控，因其不可能对该行为立案，侦查机关对未来违法行为人的监控预测不能成为侦查的对象。故将其认定为大数据侦查的一种类型实有不妥。

也正是因为大数据在预测犯罪方面的可能性与时效性，有学者认为大数据可能会促使传统的被动性侦查转变为主动性侦查。② 笔者认为，被动性侦查向主动性侦查的转变并非大数据的功劳，更非大数据在侦查领域中的独有特征。被动性侦查与主动性侦查源于侦查主体的积极性与收集证据的策略及方式。换言之，侦查人员在侦查犯罪行为中被案件事实牵着走，具有“从事到人”的明显特征。主动性侦查则体现出侦查机关发挥主观能动性，灵活运用侦查策略，有效分析利用现有证据，跳出既有由从行为、事件到人的传统办案思路，转入从人到行为再到事件的办案方法。此种主动办案的方法在任何案件中都有可能实现，并非大数据的独有优势。如侦查人员可通过单个的视频资料确定进入案发现场的人员，从而迅速锁定犯

---

① 程雷：《大数据侦查的法律控制》，载《中国社会科学》2018 年第 11 期，第 158 页。

② 参见方斌：《大数据时代侦查思维变革》，载《中国人民公安大学学报（社会科学版）》2017 年第 3 期，第 89-97 页。

罪嫌疑人。[1] 该视频资料并非从海量数据筛选出来的，也并非对大数据进行软件分析形成大数据报告而得出的结论。相较于其他辅助资料，大数据的优势在于对犯罪行为的预测能力，司法实践中侦查机关利用大数据预测犯罪，侦破案件的实例并不鲜见。[2] 但有学者将其作为大数据侦查实践的应用类型之一，[3] 这混淆了大数据预测功能与大数据的回溯作用。

"数据表示的是过去，关注、表达的却是未来。数据之中蕴藏着社会发展的规律。"[4] 大数据在立案之后作为证据材料可以回溯过去，成为认定案件事实的证据。在立案之前，大数据对潜在的刑事案件有预测的作用，公安机关可以据此预防犯罪行为的发生。故需要根据大数据发挥作用的不同对其进行归类。任何概念都是对现象的本质描述，应具有周延性。正如"大数据"概念先后经历"海量数据""巨量数据"乃至"洪流数据"概念之后而逐渐被学术界所接受。根据上述分析，大数据侦查并非有别于传统侦查而产生的新型侦查类型，而只是侦查机关利用大数据查获犯罪的行为方式。因为影响侦查的因素有很多，如果将所有影响侦查的因素都视为特殊的侦查，则会衍生出若干侦查类型，包括"情报侦查""信息侦查""图像侦查""视频侦查"或"智能侦查"等。[5] 大数据作为单一的要素难以独立支撑其成为一种新型独立的侦查。就此而言，"大数据侦查"概念缺少理论的自洽性，不具有合理性。"大数据侦查"本质是大数据在侦查中的利用或者大数据技术在侦查中的应用。

---

① 具体案情可参见《饮料瓶上的指纹》，《今日说法》，http://tv.cntv.cn/video/C10328/6fb67b32f8e146f09f3ce8640b6ddcbe.［2019-10-1］.

② 2014年5月，北京市公安局怀柔分局的上述犯罪预警系统预测提示，近期泉河派出所辖区北斜街发生盗窃案的可能性较高。怀柔公安情报信息中心根据提示，指导泉河派出所对该区域加大巡逻防控，5月7日1时许，泉河派出所巡逻至北斜街南口时，当场抓获一名盗窃汽车内财物的犯罪嫌疑人，经讯问，犯罪嫌疑人李某交代了伙同他人流窜至怀柔区，撬机动车锁并盗窃车内财物作案3起的犯罪事实。金江军、郭英楼：《智慧城市：大数据、互联网时代的城市治理》，电子工业出版社2016年版，第112页。

③ 程雷：《大数据侦查的法律控制》，载《中国社会科学》2018年第11期，第159页。

④ 涂子沛：《大数据》（3.0升级版），广西师范大学出版社2015年版，第1页。

⑤ 彭知辉：《"大数据侦查"质疑：关于大数据与侦查关系的思考》，载《中国人民公安大学学报（社会科学版）》2018年第4期，第26页。

（二）大数据与刑事侦查之间的关系

要弄清大数据与刑事侦查之间的关系就必须厘清何为大数据。学者从不同方面对大数据概念或范围进行了界定。有人认为，大数据是海量数据的集合；① 有人指出，大数据不仅仅包括数据本身，还包括与大数据相关的技术、制度乃至人才等；② 有人将大数据界定为数据收集、数据分析技术与数据分析结果；③ 国外有学者将大数据视为背后蕴藏的有价值的规律。④ 从字面含义看，大数据由量词“大”和名词“数据”组成，对其含义解读不能离开上述两个词语，“大”是指数量之多，具体是指海量的意思，“数据”是指物质被量化后呈现的数字化形态。至于有学者指出的大数据应该涵盖大数据技术、制度乃至分析结果等，则属于大数据应用层面或应用配套制度的问题。国外学者将大数据视为其背后蕴藏的有价值的规律实际上也是从大数据应用层面的理解。笔者认为，大数据与大数据应用并非同一概念。这正如证据与证据的收集、审查、质证及认证等并非同一关系一样。典型的证据法范畴只是涉及证据规则等制度，至于证据的质证与认证等均属于程序法内容，两者不可混淆。大数据原本是指非结构化的海量数据，这些数据以不同形式散落于虚拟空间，其本身并没有太大价值。只有当人们基于特定目的，利用特定技术手段对大数据进行整合之后，其价值才予以凸显出来。

大数据是侦查过程中被利用的一种手段或媒介。刑事侦查是侦查机关根据法律授权基于特定事实发动侦查权的过程。如何提高侦查的效果是摆在所有侦查人员面前的难题，侦查人员需要借助各种有效的媒介进行侦查。在法律框架范围内，侦查手段或媒介原则上是开放的，并且随着社会的发展而变化。传统侦查手段包括“摸底排队、并案侦查、通缉通报、打

---

① 参见白建军：《大数据对法学研究的些许影响》，载《中外法学》2015 年第 1 期，第 29-35 页。

② ［日］城田真琴：《大数据的冲击》，周自恒译，人民邮电出版社 2013 年版，第 8 页。

③ 王燃：《大数据侦查》，清华大学出版社 2017 年版，第 26 页。

④ ［英］维克托·舍恩伯格、肯尼斯·库克耶：载《大数据时代》，盛杨燕、周涛译，浙江人民出版社 2013 年版，第 4 页。

击现行、控制赃物、刑嫌调控、深挖犯罪、调查访问、围追堵截、场所清查等”。[①] 自有侦查以来，侦查手段就一直处于不断创新之中，尤其是随着科学技术的发展，侦查手段也日益更新，先后出现了犯罪心理测试[②]、物证搜索犬技术[③]、欺骗性侦查[④]、信息技术[⑤]、诱惑性侦查[⑥]、强制采样[⑦]、特殊手段[⑧]等。其中的特殊侦查手段涵盖范围更广，所有借助现代科技与传统侦查手段有异的侦查手段都可以看成特殊侦查手段，包括大数据在内。就此而言，大数据只是人工智能、机器算法发展下的新出现的侦查媒介。侦查人员可以借助大数据媒介快速破获案件。但这并非等于可以摒弃传统的侦查媒介或否定更加先进的侦查媒介出现。任何时代，我们都不可能单用某一种侦查媒介侦查犯罪，“要根据侦查需要综合交叉重复运用各种侦查手段、形成立体效果”。[⑨]

利用大数据侦查的过程就是挖掘大数据价值的过程。大数据本身是散落的，对侦查人员并没有实际价值。如果没有专业技术能够将大数据背后的规律价值予以挖掘，数据越多其价值就会越少。正如某学者所言：“信

---

① 张永利、赵国斌：《浅谈传统侦查手段的创新与发展》，载《森林公安》2010 年第 6 期，第 8 页。

② 参见刘南男、张跃：《从“五声听狱”到脑电位检测侦查——论犯罪心理测试技术视野下侦查手段之变革》，载《江西公安专科学校学报》2009 年第 3 期，第 93-97 页。

③ 参见付冬、魏战华、李四晋、张松：《浅谈物证搜索犬在现场使用和其他侦查手段的结合运用》，载《广东公安科技》2014 年第 3 期，第 40-42 页。

④ 参见刘昂：《刑事诉讼视角下的司法诚信与欺骗性侦查手段的运用》，载《中国人民公安大学学报（社会科学版）》2016 年第 3 期，第 105-109 页。

⑤ 参见陆冬英：《信息导侦理念下传统与现代侦查手段的关系——基于风险社会语境》，载《犯罪研究》2012 年第 3 期，第 38-43 页。

⑥ 参见姜翠玉：《对诱惑性侦查手段的法学思考》，载《江苏公安专科学校学报》2000 年第 4 期，第 76-80 页。

⑦ 参见刘荣：《论强制采样侦查手段的法制化》，《湖北警官学院学报》2006 年第 4 期，第 58-61 页。

⑧ 特殊侦查手段也称为秘密侦查，特别是在对付有组织犯罪、毒品犯罪、公职人员的腐败犯罪等隐蔽型、智能型犯罪案件中凸显其特有的威力。李汝川、黄伯青：《特殊侦查手段的法律构建》，载《人民检察》2009 年第 1 期，第 20 页。

⑨ 上海市浦东新区检察院法纪处：《学好新法，用足、用活、用好侦查手段》，载《刑侦研究》1998 年第 6 期，第 31 页。

息正在淹没人类，但人类却无比的渴望知识。”① 该“知识”是指在海量数据中能够寻找有价值信息的工具，该工具就是数据挖掘技术。数据挖掘技术属于典型的综合性学科运用，包括统计学、计算机、人工智能、数据库系统等。数据挖掘包括八个方面的流程：信息收集、数据集成、数据规约、数据清理、数据变换、数据挖掘、数据评估、知识表示等。② 通过数据挖掘分析，侦查机关可以获得不同层次的价值信息：一是统计分析数据，如通过 SPSS 软件分析得出的简单数据报告可以用于发现行为轨迹或犯罪趋势，该信息属于具有浅层次的价值。二是通过对采集到的数据库信息进行深度分析获得前所未有的、隐含的信息，该信息具有深层次的价值。对侦查机关而言，通过数据挖掘得到深层次的价值信息是未来侦查发展的趋向，但这可能与人类隐私权的保护形成冲突。目前各国侦查机关都非常重视对大数据挖掘技术的运用，且效果良好。如大数据的聚类技术可以自动关联犯罪记录中的不同犯罪对象。③ 偏差监测可以用于网络入侵监测，分类技术可以用于发现垃圾电子邮件的发送人员。④ 字符串比较器，可以用于检测犯罪记录中的虚假信息。⑤ 社会网络分析方法，可以用于分析犯罪嫌疑人的角色和犯罪网络中不同个体间的关系。⑥ 可见，对大数据如何使用，那是侦查人员发挥主观能动性的问题，大数据本身不会推动侦查行为，只有侦查借助大数据发展的问题。换言之，大数据与侦查并非主导与被主导的关系，在两者关系中，侦查仍然处于主导地位。

---

① Naisbitt J. Megatrends：Ten new directions transforming our lives. New York：Warner Books，1982. p16-17.

② 百度百科：https：//baike. baidu. com/item/% E6% 95% B0% E6% 8D% AE% E6% 8C% 96% E6%8E%98%E6%8A%80%E6%9C%AF/910318. ［2019-9-10］.

③ 朱明：《数据挖掘》，中国科学技术大学出版社 2002 年版，第 33-45 页。

④ 金光、刘士荣等：《数据挖掘技术在犯罪行为分析中的应用》，载《宁波大学学报（理工版）》2002 年第 2 期，第 56-58 页。

⑤ 钱进：《最大频繁项目集挖掘技术研究与展望》，载《微计算机应用》2005 年第 6 期，第 652-654 页。

⑥ 陈魏：《基于数据挖掘的刑事犯罪侦查系统研究》，载《山西警官高等专科学校学报》2010 年第 4 期，第 73 页。

二、大数据整合行为的性质认定

大数据原本是散落且相互之间缺乏关联性的，未经整理的数据缺乏实际价值。易言之，大数据的价值在于大数据整合之后的再利用。就此而言，大数据整合是指“要形成对数据资源的统一管理和标准建设，将各个业务系统中最核心、最基础、最重要的数据（也称主数据），集中进行数据的 ETL（抽取、清洗、转换），制订好数据存储和交换的模式、接口和访问方法，做好元数据管理，严格把握数据质量和标准，能够把统一的、完整的、准确的、其有权威性的主数据提供给用户的应用和数据模块。”① 数据的整合包含很多步骤，且每一个步骤都非常重要。数据整合首先是数据的收集与抽取，在抽取数据时不宜同步抽取，因为数据更新、生成过程进行同步传输大数据平台时一旦同步失败易对业务系统产生损害，故应采取异步抽取的方式以减轻系统的压力。其次是数据的清洗。在该步骤中，需要对部分的错误数据进行修复，核心问题是对来源于不同数据库，表现形式各异的数据进行归类整理。再次是数据的转换，该步骤的目标是将不同存储形式的数据进行统一格式的转换，这一过程是最为复杂的，也是最易出错的地方。最后是数据的整合。数据整合的核心是对数据进行有目的的计算，在数据整合中应适当区分主数据、源数据、非结构化数据等。其中主数据是最有价值的数据，应成为数据整合的中心。

大数据整合的意义在于为侦查机关提供破获案件的线索与证据。这是刑事诉讼法惩罚犯罪诉讼价值观的重要体现，但保障人权是刑事诉讼法的另一重要价值追求，司法实践应兼顾两者，不可偏废。大数据只有经过整合才有可能对侦查机关有价值，“但这些数据一旦被数据拥有者有意识重组排列，反复分析，进一步采集、存储和循环再利用个人数据，个人身份信息及个人隐私即被很轻易泄露”。② “一般认为，隐私又称私人生活秘密或私生活秘密，是指私人生活安宁不受他人非法干扰，私人信息保密不受

① 林荔、高攀：《浅谈大数据整合》，载《福建电脑》2019 年第 1 期，第 162 页。

② 顾理平：《大数据时代隐私信息安全的四重困境》，载《社会科学辑刊》2019 年第 1 期，第 98 页。

他人非法搜集、刺探和公开等。"① 因隐私而形成的权利称为隐私权。隐私的范围从来都不是固定的，由原始的"性的羞耻心"到今天人身其他部位、场所、住宅等都被纳入隐私的范畴。有学者将隐私的范围界定为生理的、心理的及社会关系三个层面，② 试图规制其边界。笔者认为这是徒劳的，隐私权利随着社会发展而变化，可能表现为形态的变化，也可能表现为范围的扩展甚至是缩小。③ 大数据整合行为使得两种隐私值得刑事法律的关注：一是网络信息隐私。大数据整合来源于分散的元数据。元数据若承载着个人信息，本身就可能属于隐私的范畴。"在数据时代，数据是人的第二肉身。"④ "在数据时代，一切都被数据化，人亦不例外。人即数据。不仅人的一切活动都以数据的方式进行并成为数据，而且人是怎样的、人可能是怎样的，均由数据构建与呈现。"⑤ 人原本于现实空间呈现的各种隐私被数据化，由此衍生出数据化隐私。二是在基本数据基础上进行大数据整合后的延伸隐私。与数据化隐私不同，延伸隐私是在整合数据资源之后形成的对人的更为全面的了解与掌握。延伸隐私在现实空间中一般是不存在的。在现实空间，行为人文化爱好，行踪轨迹等他人因缺乏对个体活动的掌控能力而无法了解掌握上述信息，其被他人发现、侵犯的概率几乎为零。但在大数据整合行为中，上述信息则暴露无遗。

大数据整合行为无疑将人类再次带入原始社会的"赤裸"时代。在物资极度匮乏的原始社会，只能"赤裸"地将隐私呈现于他人面前。大数据整合行为使得卡西尔的"人是符号的动物"⑥ 说法成真。人的行动轨迹、文化偏好及复杂的社会交往关系都可在数据化基础上进行整合而予以清晰的呈现。以往面对面地、深入地交往方能了解、认知一个人。时至今日，

---

① 张新宝：《隐私权的法律保护》，群众出版社 1998 年版，第 17 页。

② 参见李秀芬：《论隐私的法律保护范围》，《当代法学》2004 年第 4 期，第 8 页。

③ 隐私范围既有可能扩张范围，也有可能缩小范围。如在封建社会，人的穿着是十分保守的，性隐私的范围极为广泛，但时至今日，随着性的开放，性的隐私范围在缩小。

④ 参见李彦宏：《智能革命》，中信出版集团 2017 年版，第 315 页。

⑤ 高兆明、高昊：《第二肉身：数据时代的隐私与隐私危机》，载《哲学动态》2019 年第 8 期，第 80 页。

⑥ 参见［德］卡西尔：《人论》，甘阳译，上海译文出版社 1985 年版，第 34-35 页。

人与人之间即使互不相识，也可以借助数据整合对其了然于胸。大数据整合改变了我们认知世界的模式，改变了对人的认知模式，但同时也扩大了人类的隐私范围。在大数据整合行为下，如下隐私应该纳入刑事法律的保护范畴：其一，轨迹隐私。“轨迹隐私是一种特殊的个人隐私，它是指个人运行轨迹本身含有的敏感信息（如访问过的敏感位置），或者由运行轨迹推导出的其他个人信息。”[①] 如通过观察行为人到医院的频次与时间可以推知其身体健康状况，[②] 再结合其他医疗大数据，即可得知行为人患有的疾病类型，看过的医生等隐私信息。其二，生活偏好隐私。生活偏好隐私是指行为人衣食住行所包含的敏感信息。如行为人惯常的穿着及饮食情况能够反映行为人的生活偏好，可能有人喜欢奇装异服，甚至是购买一些私密物品等。上述信息在网购大数据整合下就可轻而易举地获得。其三，文化偏好隐私；文化偏好隐私是指行为人阅读文章、观看音乐、影视作品等包含的敏感信息。上述隐私通过整合行为人上网浏览内容与网购对象即可获得。其四，社会交往隐私。社会交往隐私是指行为人与谁交往、交往方式、交往密切程度等敏感信息。该隐私信息可以通过多媒体大数据整合来获得。

对于刑事案件而言，大数据整合行为既可以发生于刑事案件发生之前，也可以发生于刑事案件发生之中与之后。侦查机关整合大数据的目的决定着大数据整合的性质与目的。如侦查机关试图通过整合特定的大数据发现刑事案件线索，则该行为与刑事犯罪的侦查无关，只是用于发现案件线索，此过程不属于严格意义上的刑事诉讼行为，但该行为更可能侵犯上述大数据整合后的延伸隐私权，故应得到法律的规制。当侦查机关在获得报案线索或者主动发现案件线索时，为实现立案的目的，进一步寻找相关立案证据而发动大数据整合，则属于刑事初查，对此严格按照初查规则。但遗憾的是，现有法律规范难以规制大数据整合对隐私权的可能性侵犯。若侦查机关在立案之后为发现更多的犯罪证据而开启大数据整合则应区分

---

① 霍峥、孟小峰：《轨迹隐私保护技术研究》，载《计算机学报》2011 年第 10 期，第 1821 页。

② See Wicker S B. The loss of location privacy in the cellular age. Communications of the ACM, 2012, 55 (8): 60-68. [doi: 10.1145/2240236.2240255].

大数据整合涉及的对象而设置不同的运用规则。对于犯罪嫌疑人的大数据，其整合行为具有合法性依据，其隐私权自应受到限制。但若整合的对象中包含第三人数据时，则必须严格遵照相应法律规定，保护他人的隐私权。就此而言，侦查机关对大数据整合行为本质上是利用大数据实现诉讼与非诉讼的特定目的行为。大数据整合并不一定与侦查行为有关，但大数据整合行为一定与特定的隐私权保护有关，故需要在分清侦查机关大数据整合的目的基础上，设计不同的运用规则。

第二节　大数据整合行为规则的运用

根据电子数据形成目的、形成方式及作用价值不同可以将电子数据区分为垃圾电子数据与常规电子数据。由此，基于对垃圾电子数据进行数据整合而形成垃圾大数据，基于对常规电子数据进行数据整合而形成常规大数据。垃圾大数据形成机制与作用不同于常规大数据，故其在刑事证据运用方面表现出较大的差异。

一、垃圾大数据与常规大数据区分的双重性标准：主体与系统

随着互联网的发展，产生了海量的垃圾电子数据。以垃圾邮件为例，“欧洲委员会的一份调查报告还显示，在全世界网络上散发的未经用户许可的大量电子邮件即垃圾邮件，每年消耗网络费用高达93亿美元，全世界每天约有5亿封有针对性的广告邮件发送到用户的电子信箱中”。[①] 而至2009年前后，每天的垃圾邮件飙升到2000亿封。[②] 此外，在任何一个计算机、手机终端中都存在大量的垃圾数据。垃圾数据会占用大量传输空间，造成网络资源的浪费，降低传输效率。垃圾数据带有较强的欺骗性，尤其

① 于志刚：《论电子邮件的刑法定位》，载《法学家》2003年第6期，第73页。

② 参见《全球每日垃圾电子邮件8月到12月数量骤降75%》，https：//tech. qq. com/a/20110107/000008. htm. ［2011-01-07］/［2019-10-11］.

是大量垃圾邮件本身带有木马程序，易侵犯他人的隐私及其他合法权益。严重者，垃圾数据会阻塞网络传输通道，引发网络瘫痪。世界各国对垃圾数据均作出了明确规定，严惩实施发送垃圾数据的人。[①] 我国也制定了相应反垃圾数据的法律规范，并对刻意制造垃圾数据的人进行严厉惩罚。[②] 为有效治理垃圾电子数据，需要准确界定何为垃圾电子数据。根据垃圾数据形成特点，可以从主体与系统两个方面进行界定。

首先在主体方面。目前世界各国一般将垃圾数据限制为商业电子信息。如美国反垃圾信息法将垃圾数据限制为“以商业广告或促销为目的的电子数据信息”。澳大利亚反垃圾邮件法将“任何为推销、广告或促销产品、服务、地产为目的，或以提供投资机会或交易机会为目的而发送的信息”纳入垃圾数据信息范畴。[③] 欧盟“隐私和电子通讯条例”将垃圾邮件定义为：经由电子邮件、为直销目的发送的、未经请求的商业信息。新加坡垃圾信息法将垃圾邮件认定为大量发送的、未经请求的商业电子信息。[④] 我国对何为垃圾邮件并未给出明确的法律界定？结合上述国外对垃圾数据的界定，笔者认为在认定垃圾数据中，可以设置双重主体认定规则：其一，发件人主体规则。发件人主观上应知晓该电子邮件未经收件人同意而实施发动电子数据的行为；其二，收件人主体规则。收件人明确表示该邮件并非自己需要，未在事前同意该行为。但若收件人事后认为该数据信息对自己具有一定的价值，则可认定该数据为常规数据而非垃圾数据。

其次在系统方面。用户可以采取各种反垃圾数据软件禁止垃圾数据进

---

① 一名美国男子曾向社交网络 Facebook 用户发送了 2700 多万个垃圾电子邮件，被称为“垃圾信息王”。最近，这名男子被判入狱两年半。https：//tech. huanqiu. com/article/9CaKrnJVY6M.［2016-06-16］/［2019-10-11］.

② 省通管局近来对一些涉嫌群发垃圾邮件的名单展开了调查。深圳市通管局通过一系列追查，锁定一家培训公司——深圳市合生智慧企业管理咨询有限公司。经查实，该公司为发展业务，自 2006 年 1 月起通过软件从互联网上在线汇集互联网电子邮件地址，在未经互联网电子邮件接纳者明确赞成的前提下，大量群发包含商业广告内容的互联网电子邮件，广东省通管局认为，该行为违反了《互联网电子邮件服务管理办法》第 24 条之规定，对该公司作出行政惩罚，责令其终止发送垃圾电子邮件，并罚款 5000 元。http：//www. 110hack. com/article/1053. html.［2006-08-17］/［2019-10-12］.

③ 向玉兰：《关于规制垃圾信息的立法思考》，载《企业经济》2019 年第 3 期，第 191 页。

④ 李春野：《我国垃圾信息的法律规制》，吉林大学 2010 年硕士学位论文，第 4 页。

入系统终端。以电子邮件为例。目前，绝大多数电子邮箱都自带垃圾邮件筛选系统。也有电子邮件系统需要人工选择反垃圾邮件系统。原则上，无论是用户自主选择开启拦截垃圾邮件数据系统还是默认选择系统使用反垃圾数据功能，被拦截的垃圾数据均应视为垃圾数据。但若客户认为某电子数据对自己有用，即使该数据被分离至垃圾数据系统，也应视为常规电子数据。此外，筛选系统有可能将常规电子数据错误地认为垃圾数据。如一封经过用户事前同意的电子邮件，被系统错误地分离至垃圾系统，则该电子数据无论是否由用户恢复至常规电子数据状态，均应视为常规电子数据。

有必要指出的是，上述垃圾电子数据是基于人机互动而产生的。实际上，还有一种垃圾数据是由系统运行产生的数据冗余。如更新或下载安装某些软件，在系统终端升级或安装完毕之后会产生垃圾数据，上述数据信息对用户没有实际价值。有些用户通过垃圾清理软件将其予以删除，有些则一直留存于系统终端中。对于上述系统运行中自我产生的数据冗余应当视为垃圾电子数据。在大数据背景下，区分垃圾电子数据与常规电子数据的意义在于为大数据的性质进行准确定位，从而在准确界定垃圾大数据与常规大数据基础上探索不同的诉讼与证据规则。

二、常规大数据整合：合理隐私期待权的保护

如前所述，大数据整合视野下人类的隐私发生了重大变化，涌现出诸如轨迹隐私、生活习惯隐私、文化习惯隐私、生活交往隐私等一系列新型隐私。大数据整合行为直接与上述隐私发生关联。在常规大数据整合中，人类拥有对上述隐私的合理期待权。传统惩罚犯罪与保护人权的价值理念在虚拟空间中因遭遇大数据整合而再次发生碰撞。合理协调两者关系的关键是构建常规大数据整合的一系列规则。根据大数据整合发生的阶段及侦查机关使用大数据整合的目的不同，可将其规则区分为预测型大数据整合规则与侦查型大数据整合两种类型。

（一）预测型大数据整合适用规则

预测型大数据整合是指以公安机关为代表的具有侦查职能部门的机关

在需要对寻找可能的犯罪行为时而对相关大数据进行整合的行为。司法实务中，预测型大数据整合主要涉及以下三类情形：一是对特定地区犯罪活动的预测。区域犯罪活动又称为“犯罪热点”，即在某些地区犯罪密度显著偏高。[①] 如圣克鲁兹警方利用预测型大数据整合的方式在该城市中划分出 15 个高危地区，在预防犯罪方面取得明显效果。[②] 二是具体个人犯罪概率的预测。该类预测的群体主要是具有前科的人与在刑事司法系统有备案记录的人员，即特殊的高危人群。三是对案件线索的识别。在千差万别的电子数据信息中通过大数据整合可以寻找“异常数据”。这些异常数据有可能源于某个特殊的机制，是事物发展状况的突变或外来入侵的讯号，正所谓“一个人的噪声可能是另一个人的信号”。[③] 如自 2013 年下半年开发启用大数据分析系统以来，已调查内幕交易线索 375 起，立案 142 起，分别比以往同期增长了 21%、33%。[④] 该类型的大数据整合的典型特征是尚未有犯罪事实发生，并未开启刑事诉讼程序。相关机关并不享有刑事诉讼法赋予的侦查权力。易言之，相关机关开启该类型的大数据整合必须具有合法性与正当性。

目前尚未有法律规范文件对上述三种类型的犯罪预测作出明确的规定，更未有规范大数据整合的规则。只有在《反恐怖主义法》中间接体现了上述预防犯罪的措施。根据该法规定，公安机关应当会同有关部门，将遭受恐怖袭击的可能性较大以及遭受恐怖袭击可能造成重大的人身伤亡、财产损失或者社会影响的单位、场所、活动、设施等确定为防范恐怖袭击的重点目标，报本级反恐怖主义工作领导机构备案。其中，重点目标的管理单位的职责之一是实行风险评估，实时监测安全威胁。[⑤] 该法在情报信息章节中，明确有关部门应当加强反恐怖主义情报信息收集工作，但该法

---

① 参见汪兰香、陈友飞、李民强等：《犯罪热点研究的空间分析方法》，载《福建警察学院学报》2012 年第 2 期，第 16–20 页。

② See Ferguson, Andre Gugthrie, “Predictive Policing and Reasonable Suspicion”, Emory Law Journal, 2 (2012), pp. 259–336.

③ 朱明：《数据挖掘》，中国科学技术大学出版社 2008 年版，第 255 页。

④ 中国证监会：《证监会通报针对内幕交易的执法工作情况》，http://www.csrc.gov.cn/pub/newsite/zjhxwfb/xwdd/201501/t20150109_266364.html. [2015-01-09] / [2019-10-10].

⑤ 参见《中华人民共和国反恐怖主义法》第 31 条、第 32 条。

对收集的开启及适用规则作出了较为严格的限制。根据该法规定，公安机关、国家安全机关、军事机关在其职责范围内，因反恐怖主义情报信息工作的需要，根据国家有关规定，经过严格的批准手续，可以采取技术侦查措施。依照前款规定获取的材料，只能用于反恐怖主义应对处置和对恐怖活动犯罪、极端主义犯罪的侦查、起诉和审判，不得用于其他用途。① 此处的技术侦查措施外延是什么，并不明确，理论上可以涵盖技术挖掘型的大数据整合。该法首次规定在侦查犯罪之前可以使用技侦手段预防犯罪，有着重要的借鉴与参考价值，结合大数据整合预测型类型可考虑构建如下三大规则。

首先是大数据整合的启动规则。根据启动方式不同可以区分为任意启动模式与强制启动模式两种类型。任意启动模式是指数据整合行为在征得数据用户的同意后予以启动。“我国《网络安全法》《消费者权益保护法》《电信和互联网用户个人信息保护规定》《网络交易管理办法》等多部法律与规章都规定网络主体在收集用户信息时应向用户明示、经用户同意、不得滥用用户个人信息等相关规定，均不得以非法形式进行信息收集。”② 上述法律规章尽管是针对网络主体的限制，但在开启刑事诉讼程序之前，以公安机关为代表的各种行政司法机关同样应该遵守上述规定，在取得上述权利主体同意后方可开启大数据整合行为。这是法治社会公民享有知情权的基本表现与要求。只有在权利主体不同意相关机关的大数据整合时，方可开启强制模式。

强制启动模式是指在未经用户同意的情况下也可开启的模式。大数据整合的正当性源于与隐私权保护相比较的惩罚犯罪的迫切性。为防止大数据整合的任意开启对他人权利的侵害，结合上述三种犯罪预测对大数据整合设置相应的启动程序。其一是地区预测型。高危地区预测筛选必须达到该地区已然发生的犯罪率远高出其他地区犯罪率，且有证据证明再次发生类似或其他犯罪的可能性较高的标准。其二是个人再犯的预测。再犯预测

① 参见《中华人民共和国反恐怖主义法》第 43 条、第 45 条。

② 齐爱民、李维波：《数据挖掘中的权利冲突与法律规制》，载《广西政法管理干部学院学报》2018 年第 4 期，第 4 页。

依据在于其再犯的风险较高。但并非任何有前科的罪犯均具有再犯的可能性。尽管有前科的人相关数据已经存储于司法机关，但具有前科的人已经为曾经的犯罪付出了代价，前科不能当然地成为启动大数据整合预测犯罪的理由。更为重要的是，具有前科的人在现实生活中理应与他人享有无差别的隐私期待权。相关机关若要开启大数据整合必须通过准确、全面的再犯评估，并有证据证明其再犯的可能性较高。其三是特殊领域线索发现型预测。对于涉及金融、网络系统等电子数据信息较多的领域，开启大数据整合的前提至少有两个：一是穷尽正常的手段无法寻找案件线索；二是有证据证明该领域实施违法犯罪的可能性较高。

其次是大数据整合后的证据运用规则。通过大数据整合后获得线索及相应的证据只能用于证明犯罪，且其证明的范围必须与开启大数据整合的理由相匹配。如在地区预测型大数据整合中，整合后获得相关证据资料只能用于证明该高危地区与低危地区或中间地区的划分，不能直接用于对某个既定案件的侦查、审查起诉与裁判的依据。换言之，若在大数据整合中获得案件线索直接指向某个特殊案件，则必须通过启动立案程序，通过侦查途径获得相关证据予以证明案件事实。对于大数据整合后获得的与预测事实无关的信息资料应该及时销毁，对于不便销毁的，应该作保密处理。

再次是大数据整合的监督规则。大数据整合具有技术性与隐秘性特征。如何防止相关机关在大数据整合中侵犯他人的合法权益，必须引进切实有效的监督规则。检察机关作为专业的法律监督机关，有权力也有义务承担大数据监督的职责。但囿于大数据的技术特征，为提高监督的有效性，检察机关可以在检察人员监督下聘请或指派具有专业技能的人员进行专业监督。但专业技能人员只能就技术问题提出监督意见，不能对法律问题发表监督建议。

最后是大数据整合的救济规则。大数据整合的过程中若相关机关违法进行数据整合侵犯他人合法权益的，相关权利人可以向检察机关进行控告。相关机关通过违法进行数据整合获得的证据材料应当及时销毁，或者返还被害人，或者做技术性保密处理。若相关人员泄露大数据整合后获得当事人相关信息的，除要承担行政责任外，应该向受害人进行赔偿，包括该秘密对合法权利人造成的已然物质损失。根据现有法律规定，刑事司法机关在刑事诉讼中实施的违法行为，不能纳入行政诉讼的范畴，被害人遭受损失的可以要求提起国家赔偿。这一规定不能适用于上述情形。其主要原因是，上述大数据整合预测行为并非发生于刑事诉讼活动中，其行为性质与行政行为类似。遭受大数据整合侵害的人当然可以向法院提起行政诉讼，并同时可以要求行政机关予以物质赔偿。

有必要指出的是，目前何者拥有开启立案之前的大数据整合预测，尚无定论。法律不仅缺乏相应规定，理论上也缺乏成熟的论证。大部分学术观点想当然地认为，具有侦查职能的公安机关是大数据整合的主体。笔者认为，由公安机关作为大数据整合预测的主体有着明显的缺陷。公安机关作为刑事侦查机关具有特殊利益诉求，尤其是在寻找犯罪线索出现困难时，通过大数据整合进行线索排查就可能成为启动大数据整合预测的动因。如此，难以保证大数据整合启动程序起到把关作用。大数据整合既涉及极为专业的技术，又牵扯多方利益。同时，大数据会推动犯罪学视野下的预防犯罪实践的快速发展，有望改变传统以事后惩罚、打击犯罪为主导的预防犯罪范式，开启犯罪预防模式，将大量的犯罪行为消灭于萌芽状态。为此，未来可以考虑成立大数据犯罪预测与预防部，具体可由公安机关、国家安全机关、监狱、缉私部门、检察机关、互联网中心、大数据技术公司等多部门联合组建。所有需要通过大数据整合预测的犯罪均应由该部门予以审查执行。这可有效解决大数据整合主体的合法性问题。

（二）侦查型大数据整合适用规则

侦查型大数据整合适用规则是指对于已经立案侦查的案件，需要通过大数据整合获得相关案件线索与证据材料查明犯罪事实所需要遵守的规则。侦查型大数据整合关涉惩罚犯罪与保障人权之间的紧张关系，确立适当的适用规则不仅可以协调上述诉讼价值之间的矛盾，还可以对当下的侦查程序规则起到引导完善的作用。前已述及，大数据整合引发了传统隐私在虚拟空间的延伸。轨迹隐私、生活习惯隐私、文化倾向隐私及社会交往隐私等在大数据整合下得以显现的前提是个人信息被国家机构、组织以不同的方式予以掌控。尽管两者有着紧密的关系[①]，但其区别是明显的。“个人信息是指任何能够识别出自然人的直接或间接信息，而隐私权则强调公民的私人生活不被干扰，个人秘密不被非法收集和传播。”[②] 大数据整合行为对上述个人隐私与个人信息的关联分为两个步骤。在大数据收集中主要涉及个人信息问题，而在对大数据整合阶段，则主要涉及个人隐私问题。这与传统的侦查行为对物理场所中的隐私、信息进行一并化干涉的情形大有不同。为此，未来立法需要对大数据整合的两个步骤分别设计对应的适用规则。

目前我国公民对个人信息是否拥有确定的权利尚无定论。国外的学术探讨与实践做法值得参考。德国将其命名为“信息的个人自决权”予以保护，美国则提出了“数字化人格权”概念。[③] 欧盟先后颁布了《隐私与通讯指令》《数据留存指令》等法律法规，美国则颁布了《电子交流隐私法》《家庭教育和隐私法》等对个人信息进行规范。[④] 日本则颁发更为直接的《个人信息保护法》。[⑤] 与国外相比，我国缺乏规范个人信息的相关法律规范。刑法中只有个别罪名涉及个人信息保护问题。在《全国人大关于加强网络信息保护的决定》《电信和互联网用户个人信息保护规定》《互联网企业个人信息保护评测标准》规范性文件中间接规定了个人信息权问题。刑事诉讼法更是对个人信息保护的问题只字未提。故此，从实然角度看，因个人信息保护规则的缺失，大数据整合的第一个步骤中无须涉及过多的规则，其收集、监控行为在法律层面畅通无阻。但笔者认为，随着数据化的发展，对个人信息的保护必然会上升到法律层面。故对个人信息的收集与监控行为宜进行应然层面的分析。根据个人信息收集、监控的主体不同

---

① 个人信息中相当一部分会涉及个人隐私，而个人隐私中也有相当一部分是以信息形式呈现的。参见王燃：《大数据时代个人信息保护视野下的电子取证》，载《山东警察学院学报》2015年第5期。

② 王利明：《隐私权概念的再界定》，载《法学家》2012年第1期，第108-120页。

③ 参见郭瑜：《个人数据保护法研究》，北京大学出版社2012年版，第87-88页。

④ 参见廉霄：《从民法视角看隐私与个人信息保护的制度安排》，载《黑龙江省政法管理干部学院学报》2010年第8期，第58-60页。

⑤ 参见李丹丹：《日本个人信息保护举措及启示》，载《人民论坛》2015年第4期，第238-240页。

可分为国家监控与社会监控。国家对社会的宏观监控自古有之，只是在不同时期表现不同而已。如在信息时代，美国先后通过“中央数据银行”“万维信息触角计划”“元数据项目”“星风计划”等对个人信息进行收集与监控。[①] 日本则通过《共同番号》制度监控大数据。[②] 我国公安部实施的“金盾工程”也是颇具特色的个人信息监控措施。社会监控是指以大数据公司为代表的公司、企业、社会组织部门对个人信息的监控。公司、企业及其他社会组织实施的大数据监控一般具有商业或公益性目的。如苹果公司、华为公司等生产的智能手机均具有收集、监控个人数据信息的功能。上述公司绝大多数将获得大数据信息用于商业经营。而诸如专门以数据为商业目标的“数据堂”则是直接将大数据作为商品在网上交易。该公司被指“在 8 个月时间内，日均传输公民个人信息 1 亿 3 千万余条，累计传输数据压缩后约为 4000GB 左右，公民个人信息达数百亿条，数据量特别巨大”，涉嫌严重犯罪。[③]

笔者认为，对于未来的国家监控范围与程度必须进行严格限制，具体可以从以下四个方面设置规则：首先，任何国家机关的监控行为都应该明确监控的目的与监控的范围及监控数据的使用去向。对于不符合上述条件进行监控获得的数据应及时销毁或做加密处理，不准以任何方式予以泄露，相关直接责任人员根据违反程度不同，分别承担民事、行政与刑事责任。其次，确立个人信息保护的例外原则。即当国家监控与个人信息保护发生冲突时，应就个人极为重要的信息进行监控例外处理。这是基于利益衡量确立的必要原则。一般而言，国家监控理由是宏观而抽象的，但个人极为重要的利益是具体现实的，当两者发生冲突时应该优先保护后者。立法可以考虑以提示性列举方式明确何为极为重要的个人信息利益。再次，明确数据收集与监控方式。随着科学技术的发展，数据收集与监控方式多元，但不同的监控方式对个人信息权的侵害与威胁程度不同。未来立法有

① 参见李军：《大数据——从海量到精准》，清华大学出版社 2014 年版，第 131-137 页。

② 参见孙晓柳：《日本“番号法”探究》，载《长春理工大学学报》2014 年第 8 期，第 59-87 页。

③ 《新三板公司数据堂涉嫌贩卖上亿条公民信息被查》，http：//baijiahao. baidu. com/s？ id=1605485876563321073&wfr=spider&for=pc. ［2018-07-09］／［2019-10-12］.

必要明确数据收集与监控方式。如目前我国刑事诉讼法确定的技术侦查措施具体可以包括记录监控、行踪监控、通信监控、场所监控等措施。但随着社会的发展，网络地址定位、利用 GPS 定位及人脸识别技术也被纳入监控措施中来。[①] 对于新型监控方式必须以立法的方式予以确认。最后，数据监控主体的限制。何者拥有数据监控或收集的权限及监控主体拥有何种监控手段都应该予以明确。司法实践中不乏存在不具有大数据收集与监控主体的人员通过共享模式不适当地扩张了收集与监控权限。“例如，北京市公安局、市商务委、市工商局、北京海关、北京出入境检验检疫局五部门在 2011 年共同签署《北京市五部门行政资源整合机制框架协议书》中就决定建立联席会议机制、‘绿色通道’机制、信息共享机制。这种共享路径大多通过地方性政策框架协议来实现，很少接受合法性审查。”[②] 对于社会监控的范围与程度主要限制其使用目的。对于以生产、经营为主的公司、企业应将其监控大数据的目的限制于与该公司、企业经营范围有关的行为，但不能将大数据本身作为商业经营目标。如华为公司对大数据监控的目的只能是用于完善智能设备，不能用于其他目的。对于以大数据作为经营目标的公司不能将带有个人信息的大数据予以出售。对于通过技术隐去个人信息的大数据若通过大数据整合依然能够获得他人信息的数据同样不能予以出售。并且，对于以大数据为商业目标的公司，必须严格审核其资质，限定其经营范围，并加重对其违约行为的惩罚。而对于以社会公益组织收集、监控的大数据则只能用于公益事业范围。

大数据整合行为更多地涉及对他人隐私的侵犯，且会对他人的合法权益产生实质性影响。据此应结合现行刑事诉讼法相关规定对大数据整合程序进行明确。首先，未来立法有必要明确数据整合目的，在目的规则下划定整合数据范围。大数据整合行为涉及诸如关联、统计、比对等各种技术的运用。目前规制上述大数据挖掘技术的主要是我国《电子数据证据规定》。关联与比对都涉及大数据挖掘问题，其中关联更为突出。关联分析

---

① 蒋勇：《大数据时代个人信息权在侦查程序中的导入》，载《武汉大学学报（哲学社会科学版）》2019 年第 3 期，第 158 页。

② 侯莎莎：《公安工商等五部门共享执法信息》，载《北京日报》2011 年 5 月 11 日，第 2 版。

（规则）即挖掘关联现象，从大量数据当中发现事物、特征或者数据之间的，频繁出现的相互依赖关系和关联关系。[①] 关联的本质是在海量数据背后寻找潜在的联系，用公式表达为 A-B。“我们可以由一个给定数据项根据关联规则得出一个或多个数据项，即从一个数据项 A 作为前件，经过一定的合理的人为设计使蕴含关系的表达式成立，于是就达到了作为预期目标的数据项后件 B。”[②] 就此而言，侦查人员在对大数据进行关联设计时，必须明确其目的。因为不同的目的有不同的关联方式的设计，得出的结论也迥然不同。如侦查人员需要寻找犯罪嫌疑人的账户资金来源时，只能就账户数据进行关联，不能对其他无关因素进行关联。其次，大数据时效性规则。大数据整合对数据采集有着较强的时效要求，对于形成较长时间的数据对数据整合后的信息会产生负面影响。故未来立法有必要针对历史数据进行合理规制，在大数据整合中明确数据的时效性，以提高数据整合结果的质量。再次，构建大数据整合非法排除规则。对于违反大数据整合规则而严重损害司法公正的，检察机关不能将其作为移送公诉的依据，法院不得将其作为定案的根据，应依法予以排除。对于大数据整合程序违法，但侦查人员能够作出补充说明或者合理解释的，可以采纳大数据整合结果。最后，构建专业人员辅助规则。对于大数据整合需要专业技术的，必须由具有资格条件的专业人员参与辅助整合行为的完成，否则其整合结果不具有可采性。

三、垃圾大数据整合：国家公权力的保障运行

（一）垃圾大数据作为证据材料的情形

相较于常规大数据，垃圾大数据在司法实务中的价值要低得多。相应地，垃圾大数据整合产生的价值也相对较低。但垃圾大数据整合依然会产生一定的价值。如前所述，此处的垃圾大数据应该限制为商业数据。垃圾

---

① 《不会大数据，也能读懂关联分析》，https：//www. jianshu. com/p/0f72ce6ff4e9.［2017-05-18］/［2019-10-12］.

② 王慧瑶：《浅谈大数据时代的关联规则研究》，载《电子科学技术》2016 年第 3 期，第 358 页。

大数据一般处于公开的状态，不涉及他人的个人信息或个人隐私问题。相关机关可以针对垃圾大数据进行收集与整合。与常规大数据不同，国家机关与社会组织团体不会对大数据实施监控行为，故不存在因为监控行为而产生的权利侵害问题。故在此不再对该问题展开分析。根据大数据整合的步骤，可将大数据整合细分为两个方面的规则：收集规则与整合规则。

首先是收集规则。侦查机关在立案后，原则上有权针对垃圾数据进行收集与整合，但需要根据垃圾电子数据掌握主体的情况不同设计不同的收集规则。其一是垃圾电子数据掌握在第三人手中时的收集规则。当对垃圾大数据收集涉及第三人时，第三人原则上有知情权，即侦查机关应就搜查垃圾大数据之事告知第三人，但无须经第三人同意。当然，若该垃圾大数据处于第三人隐秘空间内时，如侦查机关需要收集第三人掌控之下的电子邮件内的数封垃圾电子邮件，则侦查机关原则上须经第三人同意方可进入该电子邮箱以获取该电子邮件。若第三人不配合，则需要按照比例原则判断该垃圾电子邮件对案件事实的重要性程度，决定是否采取强制手段以获取该垃圾电子邮件。有人可能会认为，在此情形下第三人掌握着垃圾电子邮件处于证人地位，证人应该有作证的义务，即证人必须同意侦查机关获取该垃圾电子邮件的行为。笔者认为，该观点并不妥当。垃圾大数据不同于垃圾电子数据证据本身。组成垃圾大数据的微观垃圾电子数据证据对案件事实可能根本就没有证据能力，只有在与其他垃圾数据组合成大数据后，并经大数据整合方可产生证据价值。如此，该第三人并不属于持有证据者，其自然无须承担主动交出垃圾电子数据的义务。其二是行为人掌握垃圾电子数据证据时的收集规则。垃圾电子数据要么属于他人商业性发送，要么属于系统冗余信息，或者本身是违法犯罪的行为对象。行为人原则上对其不具有隐私期待权。侦查机关对行为人控制之下的垃圾电子数据拥有收集权限。当然，若需要通过行为人的系统终端或网络密码存储空间获得垃圾电子数据，依然需要侦查机关履行相应的批准手续进入行为人的系统终端或网络密码存储空间。其三是垃圾电子数据处于开放的网络空间时的收集规则。垃圾电子数据的商业性质决定了其一般不具有通信或者其他社会化功能，侦查机关在立案之后，对于开放空间内的垃圾电子数据进行收集不应设置限制性规则。除非该垃圾电子数据与他人的常规电子数据有关联，需要进入他人的网络系统终端或者他人能够紧密控制的空间，方需要履行特定诉讼程序。

其次是垃圾大数据整合涉及的隐私权保护规则问题。与其他电子数据整合不同，垃圾电子数据收集一般不涉及个人信息的侵犯问题，但其收集后的大数据整合行为则可能涉及他人的合法权益。如侦查机关针对行为人系统终端安装、卸载的软件遗留的垃圾信息进行整合就可能会发现行为人安装与卸载的软件类型与使用的时间与频率。当与其他案件事实与线索发生关联时，则可以进一步发现行为人可能实施的相关犯罪线索。若该犯罪线索或证据能够证明与本案事实相关则可直接将其作为认定犯罪事实的依据。但该犯罪线索指向其他犯罪行为时，则侦查机关不能将此犯罪证据作为指控其实施其他犯罪的依据。对于在垃圾大数据整合中发现的其他第三人与犯罪无关的隐私信息应当及时销毁，若整合数据信息与犯罪事实相关，则不能将其作为指控其犯罪的依据。

（二）垃圾大数据作为犯罪工具的情形

考虑到垃圾电子信息的严重危害性，世界各国在对其进行一般法律规制的基础上，将其纳入刑事制裁的范畴。韩国立法者提出的立法建议中要求广告商必须明确电子邮件的广告性质，否则可能面临 500 万韩币的刑事处罚。美国则针对违反“反垃圾电子邮件法”情节严重者规定可判处 5 年监禁刑。① “日本在 2002 年出台了《反垃圾邮件法》，该法的适用范围比较广泛，包含了网络和手机收发的垃圾电子信息。在刑事方面，该法作出了专门规定，对违反法律的公司可判处高达 256 万美元的罚款，个人则可以判处 2 年有期徒刑。”② 我国目前缺乏对垃圾电子数据的直接刑法规制，但也有相应罪名对特定的垃圾电子数据行为予以规制。如对于无证使用垃圾电子邮件发送广告行为的，可能会触犯非法经营罪。通过电子数据传播淫秽物品的，则可能涉及传播淫秽物品牟利罪或者传播淫秽物品罪。对于通

---

① 参见史彤彪：《法律向垃圾邮件宣战》，载《人民法院报》2003 年 1 月 11 日。

② 伍秀春、卿勇：《垃圾电子信息的刑法规制》，载《网络信息安全》2015 年第 9 期，第 76 页。

过电子邮件或其他电子数据传播计算机病毒的，则可能成立破坏计算机信息系统罪，如果行为人通过批量发送病毒电子邮件窃取他人财产的，则可能成立诈骗罪或盗窃罪等。故在实然层面，垃圾电子数据本身可能成为犯罪对象，由此形成的垃圾大数据作为犯罪证据的可能性会更高。在垃圾电子数据成为犯罪工具而形成的垃圾大数据整合中对其结果的证明审查是重点。下文将对垃圾电子数据的发送地址的客观性问题与恢复删除后的垃圾电子数据证据证明力问题展开分析。

首先是垃圾电子数据的发送地址的客观性问题。基于垃圾电子数据形成的特殊原因，追踪垃圾电子数据发出地址就变得至关重要。以下以电子邮件的发送为例说明电子邮件地址的确定。从多个用户或公开网站提取的垃圾电子数据进行大数据整合时可以使用“发件人”“收件人”等预设类型信息。“海量电子邮件的信息提取和挖掘需要专业的电子邮件分析工具，这些分析工具支持海量电子邮件数据的导入检索和从多个来源导入电子邮件数据进行协同分析。”[1] 根据上述预设信息，使用专业软件对不同用户中的垃圾电子邮件进行数据整合时，可以快速对诸如病毒垃圾电子邮件的发送者的邮箱地址进行数据频次的排列。对于 IP 地址出现次数庞大或属于异常点者是侦查机关重点予以审查的对象。但问题是行为人在发送邮件时经常会使用虚假地址，司法人员必须对其进行进一步的判断。一般而言，行为人在使用虚假的邮件地址发送垃圾电子邮件时依然会存在一个真实性较强的地址记录。“这犹如传统邮政信件寄件人的地址，行为人能写一个假的发件人地址，使得它看起来像是从另一个地方邮寄出去的信件，但是邮戳上会有当地邮局的标志，这个标志标识了该邮件到底来自哪个城市或哪个国家。”[2] 在网络中同样存在类似邮戳的真实性地址，该真实性地址隐藏于如下信息中：“Message-Id：<number1254556544-45556454@ counter@ sinal. com. >。”这是发件服务器对电子邮件配发的编号，具有唯一性，行为人不能对其予以更改，且不随电子邮件的传输而变化。就此而言，司法人员在审查垃圾

① 郭永健、郑麟、郭杰：《大数据时代背景下的海量电子邮件分析》，载《警察技术》2015年第1期，第43页。

② 庄乾龙：《刑事电子邮件证据论》，社会科学文献出版社2013年版，第91页。

电子邮件发送地址客观性问题时可以遵循如下步骤：步骤一，通过大数据整合锁定发送人地址。该地址原则上推定为虚假地址，这是由行为人发送的目的与邮件地址的易篡改性决定的。步骤二，通过审查垃圾电子邮件信头中的电子代码信息，寻找电子邮件的唯一编号，确认发送人的真实地址。步骤三，需要进一步认定该地址是在网络系统稳定的情况下形成的，排除邮件地址在系统不稳定的情况下发生变化。对于这一问题，司法人员依然可以通过大数据整合结果予以证明。通过检测分析海量电子邮件收件人的垃圾电子数据均是从经过确认的地址发送过来的，就足可以推断该地址是在系统稳定的情况下发出的。综上，三个步骤基本可以确认电子数据地址的客观性。

其次是恢复删除后的垃圾大数据证据能力问题。查明垃圾电子数据发送地址并不意味着就锁定犯罪嫌疑人，仍然需要进一步作发送主体与发送地址的关联性判断（该问题在前文中已有论述，受篇幅限制，不再赘述）。司法实践中，行为人以垃圾电子数据作为犯罪工具时为湮灭罪证，习惯将电子数据证据予以删除。这需要进一步判断恢复删除后的垃圾电子数据的证据力。要分析恢复删除后的垃圾电子数据是否具有证据力就需要了解删除的技术含义。“磁盘存储技术是通过改变磁粒子的极性来改变磁性的介质上的数据的。计算机在获取有关数据时，磁头会把磁粒子极性转换为相对应的脉冲信号，随后利用特有的数据转化器将此信号转变为计算机可以识别的数据。”[①] 当我们删除文件时，只是将文件列表内容删除，磁粒子极性是无法通过简单的删除键予以删除的。同样，当我们对磁盘或硬盘进行格式化时依然没有改变磁粒子极性。换言之，“当格式化了系统盘以外的逻辑盘后，仅重写了 FAT；当删除分区或重建分区后，只是修改了主引导记录（MBR）［重新构造主引导记录中的分区表（DPT）］、操作系统引导记录（OBR），数据区不会发生大的变化。因此，只要恢复 DPT 和 FAT，也有可能全部或部分恢复文件数据”。[②] 这也是删除文件后能够予以恢复的

① 庄乾龙：《刑事电子邮件证据论》，社会科学文献出版社 2013 年版，第 91 页。

② 靳慧云：《电子数据恢复与犯罪侦查》，载《铁道警官高等专科学校学报》2007 年第 3 期，第 68 页。

重要原因。就此而言，数据恢复后的文件内容与原文件内容无异，应该可以视为“原件”，具有证据能力。但若恢复的内容较少，无法恢复的过多，则其证据能力仍有待考证。此外，司法者还需要进一步审查数据恢复所使用的工具是否科学，恢复过程是否有异常间断或干扰等。在确保所恢复的电子数据证据能力基础上，进行大数据整合后的分析结果同样具有证据能力能够作为认定案件事实的证据（当然前提是未来立法承认大数据分析报告的证据属性）。有必要指出的是，当大数据整合的目的是用于寻找案件线索时，则无须要求全部恢复。电子数据的部分恢复就有可能为寻找案件线索具有重要的意义，此时无须电子数据的全部恢复，由此进行的大数据整合后的分析结果当然可以运用于发现案件线索。

有必要探讨的是对于用户刻意删除的垃圾电子数据是否拥有合理隐私权问题。即当行为人将曾经发送的垃圾电子数据予以删除后，侦查人员通过技术手段将其恢复，侦查人员对此是否需要单独取得搜查令状呢？这在国外有不同看法。在 Copenhefer 一案①中，Copenhefer 涉嫌实施绑架与故意杀人行为。当警方在其住处搜查时发现了计算机，警察开始搜查计算机文档。警察认为 Copenhefer 很有可能删除了某些电子文档，于是通过计算机恢复软件对其删除的电子文档进行恢复。事实证明，在警方恢复的电子文档中，发现了 Copenhefer 实施绑架罪与故意杀人罪的相关证据。在审判中，Copenhefer 认为警察恢复其电子文档的行为违反了宪法修正案四，侵犯了其合理隐私期待权。法官对其辩解作出如下评价：根据文件删除原理，Copenhefer 所谓删除的文件并没有真正消失，只是其错误地认为已经不在系统终端了。该文档无论是否恢复，其都存储于计算机文档中。警察将其恢复与打开计算机直接查看文档文件并没有实质性差异。因为 Copenhefer 只是希望对该文档进行保护，但没有进行实质性保护，因此其对该“删除的文档”不具有合理隐私期待权。有学者认为，删除后的文档相当于加密的文档，行为人当然享有合理的隐私期待权。② 笔者认为，将删除的文件

---

① Commonweaith v. Copenhefer，587 A. 2d 1353（pa. 1991）.

② ORIN S. KERR. The Fourth Amendment in Cyberspace：Can Encryption Create a Reasonable Expectation of Privacy，Connecticut Law Rew，Vo1. 33：503，2001，513，517，520，523，523.

视为加密的文件似有不妥，该行为并没有实际产生加密的效果，行为人的预期不能代表实际发生的结果。加密文档会使得除拥有密码之外的人无法阅读该文档，但删除后的文件依然存在他人阅读的可能。如在系统上备份留存的电子邮件，或者在打印机上临时储存的文件等。就此而言，对于恢复删除后的垃圾电子数据，行为人缺乏合理的隐私期待可能性，侦查机关无须单独申请搜查令状即可予以恢复。进言之，由此形成的大数据整合同样具有合法性，公安司法人员可以将其作为案件线索，查明案件事实的证明材料，乃至作为定案的依据。

第三节　大数据整合行为的未来展望

一、大数据整合下法律与技术融合发展

“人、机、物”三元世界在网络空间中交互、融合产生的网络大数据带来了巨大的机遇，① 大数据催生了大数据整合行为，丰富了隐私权类型，并必将带动以新型隐私权为中心的一系列法律制度变革。在当下偏重于惩罚犯罪与控制社会、维护社会稳定的理念下，大数据整合行为进一步扩张了国家对社会控制的边界。公民大量潜在的隐私权或者个人信息权被置于控制社会的主张之下。个人隐私权的不适当让渡可能会引发法律与伦理道德的关系争论。相较于大数据的收集与监控行为，大数据整合是个人隐私与其他权益发生冲突的核心。“我们已经建立起来的保障个人信息安全的规则体系，在大数据时代都成了无用的马其诺防线。”② 如何协调个人隐私保护与国家利益之间的关系是未来立法者考虑的重心。大数据整合技术的

① 参见王元卓、靳小龙、程学旗：《网络大数据现状与展望》，载《计算机学报》2013 年第 6 期，第 1125-1138 页。

② ［英］维克多·迈尔·舍恩伯格，肯尼斯·库克耶：《大数据时代来临》，载《经济导刊》2013 年第 5 期，第 78 页。

发展使得个人隐私面临泄露的危险，对个人隐私的保护也同样需要法律与技术融合性发展。

当下大数据与新兴技术表现出单一性发展模式，即新兴技术与大数据整合行为带有极强的单一目的性——方便生活。这种便利式的科技与整合行为又带给我们隐私权保护的不便利，相应地，只能通过完善法律与开发新型技术手段应对科技引发的隐私保护冲突问题。这“造成了隐私保护技术一直跟随新兴技术之后扮演补丁的角色，浪费了大量的人力、物力和财力，因此，应该考虑在新兴技术开发过程中融入隐私保护技术，将个人隐私保护作为新技术开发的一个需求”。[①] 科学技术的发展具有显著双刃性特征，如何充分发挥新兴大数据整合行为带来的便利，降低其负面价值是未来法律与科技都必须关注的关键问题。未来立法者有必要在相关法律中明确科技开发与大数据整合行为个人权益保护的原则、底线及其具体适用规则，让大数据整合行为步入法治轨道。

二、隐私权变形下的紧急搜查制度改革

传统隐私权表现为权利人对隐私权的控制能力，如住宅、汽车及随身携带的物品等。行为人对上述场所的实际控制能力决定了侦查机关欲对上述场所进行搜查时必须经过所有者的同意，否则只有在其成为刑事立案对象的前提下，取得搜查令状方可对其实施搜查。在现实空间，隐私权呈现方式简单且与实际控制人具有紧密的联系，与他人利益则表现出明显的游离特征。如权利人的住宅与他人基本呈现出相互排斥的关系。换言之，现实空间领域中隐私权具有隐秘性、排斥性与相对独立性特征。加之侦查行为的被动模式使得侦查机关在面临紧急情况下侵犯他人隐私的情况比较少见。故此，我国刑事诉讼法规定的紧急搜查制度只适用于在执行拘留、逮捕时。

但在大数据时代，隐私权的形态与特征均发生了较大的变化。隐私权

① 刘雅辉、张铁赢、靳小龙、程学旗：《大数据时代的个人隐私保护》，载《计算机研究与发展》2015 年第 1 期，第 242 页。

不仅以轨迹隐私、生活习惯隐私、文化倾向隐私等新型形态出现，而且与他人的利益关系也发生了变化。大数据使得人的社会化概念发生了重大改变。现实空间的“社会化”表现出单线或多线联系的特征，其与他人的联系具有外显性。现代互联网与人工智能技术使得万物数据化变得可能，现实空间的人进入“虚拟空间”，进而创造出虚拟空间的“社会化”。而此空间中的“社会化”表现出多元、复杂的联系特征，其与他人的联系具有明显的隐蔽性，在数量与可分析化工具使用的推波助澜下，“虚拟化的人”与万物发生联系。可以认为，网络时代下的“隐私权所保护的不仅是个人对所处社会体的‘自我’回应态度，其最终所保护的应是包覆‘自我’的‘社会有机体’对于该自我的回应态度。自我的隐私期待，必须是社会所接受的合理期待，而非纯粹的‘自我’隐私保护”。① 大数据整合技术推动侦查机关积极主动发现犯罪，当我们有能力发现犯罪行为正在进行时，国家与社会的本能是阻止犯罪行为的发生。但此时若依然套用传统的紧急搜查制度，是无法利用虚拟空间的相关带有“隐私”性质的信息的。因为，我们缺乏开启紧急搜查制度的条件。为此，有必要完善紧急搜查制度，将执行拘留、逮捕时的条件修改为有犯罪行为正在进行或紧急救助被害人时，即可开启紧急搜查制度。

三、大数据整合要求改革刑事立案制度

大数据整合进一步提升了人类认识世界的能力，侦查机关借助大数据整合一定程度上改变了“犯罪人领跑司法”的被动尴尬局面。刑事司法机关由被动向主动转变，并集中表现为预测犯罪的可能与发现犯罪的时间前移。在预测犯罪方面，大数据整合体现出了良好效果。如“美国北卡罗来纳州达勒姆警察局对犯罪数据的深度挖掘发现，警察局接警的枪击报警电话中有20%来自该市仅2%（约2平方英里）的地区，进而警察局调整警力部署，以便在该热点区域内或附近部署更多的警员，结果四年内辖区暴

---

① 张陈弘：《隐私之合理期待标准于台湾地区司法实务的操作——我的期待？你的合理？谁的隐秘?》，载《法令月刊》2018年第2期，第78页。

力犯罪减少了 39%-50%。”① 我国地方公安也充分利用大数据整合分析确定案件高发区，描绘出“反扒地图”。② 此外，大数据整合在预测高危人群犯罪与犯罪线索识别中也起到了明显的作用。大数据整合尤其在反恐与预防职务犯罪等特殊案件中起到了重要的预防与发现案件线索的作用。“在实际的反恐监控过程中，重点关注其社交网络，对其人格行为作出分析与预测；利用社会感知计算，实时感知其个体与群体的动态变化，以预测其未来的发展趋势。”③ 大数据整合提升了侦查机关发现犯罪的能力，将发现并锁定犯罪嫌疑人的时间明显提前。更为重要的是，大数据整合使得一体性侦查变得可能。“一体性侦查是指在侦查活动中以数据共享为机制，将分散的、不同层级的、不同区域的主体及其行为有机组织起来，形成一个整体的侦查模式。”④ 换言之，大数据整合打破了传统上侦查机关之间的地域、制度与层级壁垒，代之以体系化发展。

更为重要的是，大数据整合利用数字无界限的天然优势能进一步完成某个行业领域的体系化。公安机关作为重要的刑事侦查部门同时承担着诸如治安防控、治安预警、公安管理、社会维稳等多项职能。大数据整合很大程度上会推动公安机关的上述职能朝一体化方向发展。大数据整合分析结果可能同时为公安机关提供治安防控、刑事犯罪等多项线索或证据，甚至有可能在社会治安线索整合中进一步发现犯罪证据，反之亦然。大数据整合结果大大降低了以刑事立案为标准的严格区分刑事犯罪与违法行为的必要性。进一步而言，刑事立案阶段的存在很可能阻碍公安机关上述各项职能的互通有无。而大数据整合在预测犯罪与推动刑事侦查机关发现犯罪时间提前的叠加进一步弱化了刑事立案标准在预防、侦查犯罪中的正向作用。为此，未来立法有必要废除刑事立案制度，在区分任意侦查与强制侦

---

① 董青岭：《预测性警务：大数据犯罪预防》，载《中国投资》2018 年第 23 期，第 18 页。

② 吴艺：《通过“大数据”集成系统分析确定作案高发区》，载《人民公安报》2014 年 4 月 4 日，第 2 版。

③ 张磊、陈贞翔、杨波：《社交网络用户的人格分析与预测》，载《计算机学报》2014 年第 8 期，第 1879-1890 页。

④ 何军：《大数据与侦查模式变革研究》，载《中国人民公安大学学报（社会科学版）》2015 年第 1 期，第 76 页。

查的基础上，将刑事初查纳入刑事侦查范畴。立法可赋予刑事侦查机关在行政职能与刑事司法职能之间快速、灵活切换的自由裁量权，即当公安机关在履行相关职责而进行大数据整合行为发现刑事犯罪线索时，即可开启刑事侦查行为，从而迅速启动刑事司法，以有效发挥刑事司法在预测犯罪、侦查犯罪中的能动作用。但为遏制公安机关滥用上述自由裁量权，应同步强化电子数据证据、大数据整合行为结果的排除规则，以防止公安机关职能一体化在司法实践中异化为权力不适当的扩张。

第七章　刑事案件大数据分析报告的证据属性

“随着物联网、移动互联网、智能终端和云计算技术的发展，人类社会步入了‘大数据’时代。”① “大数据开启了一次重大的时代转型。就像望远镜让我们能够感受宇宙，显微镜让我们能够观测微生物一样，大数据正在改变我们的生活以及理解世界的方式，成为新发明和新服务的源泉，而更多的改变正蓄势待发。”② 司法场域作为社会生活领域一个不可或缺的组成部分，毫无例外地受到了大数据的冲击。面对浩如烟海的大数据，司法者缺乏足够的人力、物力以传统办案的方式对涉案证据抽丝剥茧。相较于有限的司法资源，大数据具有无限性特征。如“某起涉税案件具有资金密集、跨地域、犯罪链条长等特点，因此办案民警调取了涉案主体在所有银行的全量资金数据，整个案件涉及的资金流水数据有上亿条，账户数达上万个。面对这么复杂的资金数据，人工梳理根本不可能”。③

海量数据倒逼司法者不得不借助高科技手段审查判断涉案证据，希冀以人工智能、科学数理算法提高证据搜查、审查与认定的效率。高级人工

---

① 黄晓亮：《从虚拟回归真实：大数据时代刑法的挑战与应对》，载《中国政法大学学报》2015 年第 4 期，第 54-63 页。

② ［英］维克托·迈尔·舍恩伯格、肯尼斯·库克耶：载《大数据时代：生活、工作与思维的大变革》，周涛译，浙江人民出版社 2012 年版，第 1 页。

③ 何家弘等：《大数据侦查给证据法带来的挑战》，载《人民检察》2018 年第 1 期，第 54 页。

智能、机器算法等随着大数据一起涌入法庭，并引发了科技学技术与司法裁判领域界限之争。而其中争议焦点之一是刑事案件中大数据分析报告属性问题。大数据分析报告能否作为证据予以适用不无争议。大数据数量之大、发展速度之快使得世界各国司法始料未及。大数据分析报告难以归于传统证据种类，实践做法各异。美国司法实务中有将汽车系统记录数据作为证据使用的判例。[①] 我国司法实务中不乏将大数据分析报告作为证据予以适用的情形，但更多的是对其分阶段限制性适用。在侦查阶段，大数据分析报告主要适用于侦破案件，但一般不会将大数据分析报告作为法院审判时的证据。其主要原因是，大数据分析报告在侦破案件中有其特殊优势，可以迅速通过数据分析获取相关案件线索，查获犯罪嫌疑人。但因立法缺失，尚无法律规范对大数据分析报告进行准确法律定位，将其作为法庭审判的证据认定，有违反刑事诉讼法规定之嫌，司法实践作此处理实为无奈之举。

第一节 刑事案件大数据分析报告属性纷争

大数据在司法应用中，分析报告证据种类归属之所以充满争议，是因为与我国刑事诉讼法对证据种类采取明示列举方式有着密切关系。我国刑事诉讼法对证据种类进行法定归类源于对苏联证据法与司法制度的学习与借鉴。证据种类的法定归类优势在于明确，司法主体可以对其进行规范的审查与判断。但其缺陷也甚为明显，立法难以周延证据法定种类。随着社会的发展，新出现的证据种类有时无法将其归入既有法定类型中，司法者难免会产生困惑。目前学界对刑事案件大数据分析报告证据类型归属主要有如下几种观点。

---

① Commonwealth v. Safa, 95 A. 3d 304, 308, 309 (Pa. Super. Ct. 2014).

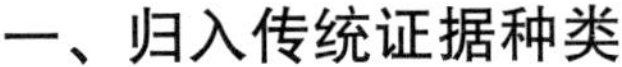

一、归入传统证据种类

目前非常有力的一种观点认为，根据大数据分析报告的特征，可以将其归属于传统证据种类，至于具体证据类型又有不同观点，具体包括检验报告说、书证说、司法鉴定报告说、证人证言说等。检验报告说认为，“根据《最高人民法院关于适用〈中华人民共和国刑事诉讼法〉的解释》第 87 条规定，对案件中的专门性问题需要鉴定，但没有法定司法鉴定机构，或者法律、司法解释规定可以进行检验的，可以指派、聘请有专门知识的人进行检验，检验报告可以作为定罪量刑的参考。把资金大数据分析纳入司法鉴定范畴，资金大数据分析报告即可视作检验报告，作出资金大数据分析报告的人需要出席法庭，就该报告作出说明，并接受质证”。[①] 笔者认为，检验报告尽管与大数据分析报告具有相似性，但两者之间具有本质区别。检验报告的对象是专门性问题。该专门性问题是指我们普通人因缺乏专业知识无法对该专门性问题进行认知，需要借助专门工具与专业知识对该特殊问题进行解读，检验报告是以检验人的意见为主要内容。大数据分析报告则是借助人工智能、机器算法等自动生成的机器逻辑结果，与人的主观意见并没有太大的关系。换言之，两者的生成机制有着重大区别，难以将其等同视之。此外，上述司法解释明确检验报告不属于法定证据种类，只能作为定罪量刑的参考，将大数据分析报告视为检验报告不能从根本上解决其归属问题。

书证说。该观点认为，大数据分析报告一般最终以书面的方式予以呈现，其证明案件的方式是分析报告内容，这与书证证明案件的方式具有一致性。如在《山东省菏泽市中级人民法院刑事裁定书》（2018 年鲁 17 刑终 430 号）中，控方举证证明行为人使用的手机号码记录证明，在一段时间内，行为人连续在某网吧内上网。法院将该手机号查明的内容作为书证予以认定。书证是通过书面语言、符号等承载的内容予以呈现案件事实，大

① 何家弘等：《大数据侦查给证据法带来的挑战》，载《人民检察》2018 年第 1 期，第 56-57 页。

数据分析报告是在对元数据进行筛选、加工的基础上形成的一种结果，大数据分析报告尽管可以通过纸质的方式予以呈现，但其证明案件的方式并非源于原始数据反映的字面含义，而是经过机器逻辑加工而成的证据，分析报告包含原始数据字面含义与综合处理后逻辑含义，这与书证有着本质上的不同。故将大数据分析报告视为书证的做法只看到了其呈现书面的形式，而未注意其证明案件的方式具有实质差异性。

司法鉴定报告说。该观点认为，“目前我国相当一部分案件需要司法鉴定人的参与，尤其在侵犯计算机系统的案件当中，由于犯罪工具的隐形化，往往需要司法鉴定人对网络数据进行恢复、提取、保存及分析，从大量无关数据当中挖掘出破坏计算机系统的工具”。① 由此形成司法鉴定报告，该报告具有证据属性，大数据分析报告与司法鉴定报告并没有实质性区别，完全可以将其视为司法鉴定报告予以证明案件事实。② 该观点与检验报告说类似，同属于鉴定意见类。如前所述，司法鉴定报告的本质是具有专门知识的人员利用自己的专业知识对特殊事项进行专业解读。大数据分析报告形成过程与此不同，两者的根本性区别是机器逻辑与人类逻辑使用方式不同，将大数据分析报告等同于司法鉴定报告有混淆机器逻辑与人类逻辑之危险。

证人证言说。该观点认为，随着互联网及人工智能的发展，机器语言成为法庭不可忽视的一种特殊语言。机器通过大数据方式传递的信息可以视为机器证言，应将其视为证人证言中的一种。③ 尽管机器语言在现代法庭中扮演着越来越重要的角色，但其与一般意义上的证人证言依然有着本质性区别。证人证言是自然人基于对案件事实的了解向法庭进行证明，并接受法庭的质证。机器证言只是单纯信息的系统记录，无法对相关事实作出灵活性的说明，尤其是无法接受法庭的质证，缺乏人类所有的非逻辑性

① 陈鹏飞：《我国刑事诉讼电子证据规则的问题与完善路径》，载《行政与法》2016 年第 5 期，第 122-124 页。

② 王艺：《大数据侦查视阅下的数据相关性关系及其证明路径》，载《江西警察学院学报》2019 年第 2 期，第 35 页。

③ See Andrea Roth，Machine testimony，126 Yale L. J. 1972（2017）.

特征。刑事证明是人类逻辑与非逻辑综合运用的结果，刑事证明是建立在证据种类准确归属基础之上的，将大数据分析报告视为证人证言，但因其证明案件事实的特殊性又不能受该证据种类的审查规则的约束，这无法保证该证据的可靠性、真实性，势必会影响对其证据能力与证明力的审查，终将影响对案件事实的证明。

二、创制新的证据种类

鉴于大数据分析报告的特殊性，一种强有力的观点认为，有必要将大数据分析报告认定为单独的证据种类，单独予以规制。持该种观点的学者还认为，“大数据不是从单一来源中形成证据的，大数据到证据的转变需要针对具体事项和目标的需要，通过对多个不同来源的数据库或信息相互关联，从中多维分析挖掘才能够实现，这是一个复杂的分析挖掘复合形成的过程”。[①] 该观点不认为大数据本身是证据，只有经过对复杂数据进行分析合成之后的结果即大数据分析报告才能成为证据。但也有学者将大数据与大数据分析报告作区别对待，对于“大数据中那些跟案件相关的数据信息，可以纳入‘电子数据’这一既有的法定证据种类范畴。”[②] 笔者认为，将大数据再作两种类型的划分实无必要。大数据强调数据的海量特征，如果某电子数据本身与案件事实相关，则直接将其认定为电子数据证据即可，无须在大数据概念之下再行区分。大数据的海量特征决定了司法者依靠传统手段无法挖掘其与案件事实之间的关系，只有借助高科技分析手段方能判断其是否具有证明力。“从技术原理上讲，大数据变身证据通常要经过三个步骤：第一步是汇总数据并进行数据清洗，第二步是建构分析模型或机器算法，第三步是进行运算形成分析结论。这一过程结束后，就会产生大数据证据。”[③] 笔者赞同将大数据证据视为大数据分析报告的观点，但对其宜以大数据分析报告代替大数据本身，因为大数据可能会涉及元数

---

① 李慧：《大数据成为证据的新标准》，https：//www.chinacourt.org/article/detail/2016/12/id/2365614.shtml.［2016-12-7］/［2019-9-10］.

② 何家弘等：《大数据侦查给证据法带来的挑助》，载《人民检察》2018 年第 1 期，第 56 页。

③ 刘品新：《论大数据证据》，载《环球法律评论》2019 年第 1 期，第 25 页。

据问题，未经综合逻辑整理分析的数据难以成为证明案件事实的材料，故以大数据分析报告命名更为清晰与合理。

大数据分析报告作为证据必须符合证据的三个基本属性：客观性、关联性与合法性。大数据分析报告若能作为证据使用也必须符合上述证据的三个属性。大数据分析报告是在海量数据基础之上基于机器逻辑算法得出的结论，其过程是人、数据与机器算法进行的多层次互动。首先，在大数据分析之前，需要明确分析的对象及预期目标，不能无的放矢，盲目进行收集数据并进行分析。此过程主要表现为人的主观能动性的发挥，具有一定的主观性特征。其次，需要对相关数据进行采集。无论是何种案件，数据采集均有一定的范围，哪些数据可能与案件事实相关，将影响着大数据分析报告的关联性程度。就此而言，数据样本全是大数据分析报告准确的重要保障，但这并非意味着越多越好，数据本身需要与案件事实相关。若过多的数据不相关，则极有可能影响到大数据分析报告的准确性。再次，对数据按照一定的标准或规则进行分类，使得相关数据变得有序，这有助于后续的分析。至于按照怎样的标准或规则进行分类，一定程度上也会影响到大数据的分析结果。再次，基于相对成熟的分析工具或者机器算法，对数据进行分析，从而获得趋势性结论。最后，相关主体在上述数据趋势性结论基础上进行汇总分析，阐述观点或结论，进行大数据分析报告的编写。综上可知，大数据分析报告尽管是建立在大数据基础之上进行机器算法得出的汇总，但其过程不乏有主体的参与，如何防止参与者的主观偏见对分析报告产生不良影响是未来立法者必须考虑的因素。因为这将影响到证据的客观性尤其是关联性问题，并间接影响到证据的合法性问题。

三、不能作为证据看待

基于刑事案件大数据分析报告本身的不稳定性与证据种类归属的困难，司法实务中也有相当一部分观点认为，不宜将其作为证据使用，但考虑到分析报告在侦查犯罪等诉讼行为中会起到较为重要的作用，故可以将其作为查获案件的线索使用。持否定观点的学者认为：“大数据分析只能预测一个人很有可能进行的行为，并不是精准的预测，违背刑事诉讼无罪推定原则，并且会扭曲人类最本质的东西，即理性和思维。”① “大数据中挖掘出来的数据，依靠的是专业人士的主观、二次分析解读。专业人士的专业解读难免基于主客观因素导致最终结论的妥当性和准确性问题。”② 否定论观点理由集中于大数据分析报告难以满足证据的客观性与关联性两个属性。否定论者认为，大数据分析报告更多的是主观产物，无法保证分析报告的客观性与真实性，难以成为证据。此外，因大数据分析的结果更多的是一种趋势性预测，而非精准证明某个案件事实或整体案件事实。该理由本质是坚持传统证据证明力的因果关系论，即证据对待证事实必须具有强有力的因果关系。大数据分析报告与案件事实之间难以建立强有力的因果关系，是一种弱相关关系。故此不能将大数据分析报告作为证据使用。

基于传统证据理论观，否定论观点有一定道理。但否定论者并未对司法实践中对大数据分析报告的实际运用甚至是采纳的情形予以论证，并未指出在大数据日益发展的今天如何应对这一大数据问题。互联网技术的发展，大数据的涌现逼迫司法实践必须予以回应。任何简单地否定或武断地肯定大数据分析报告的法律定位与价值都不是务实的态度。2016 年，最高人民法院、最高人民检察院和公安部联合发布了《电子数据证据规定》，对刑事诉讼中电子数据的定义及其收集、提取、移送、展示、审查、判断等方面进行了详细的规定。其中有许多条款设置目的都是旨在保障电子数据的真实性识别。③ 与学术界的否定观点不同，司法实践中对电子数据的证明力等问题进行了较为全面的探索，上述规范性文件试图通过对电子数据证据的真实性进行严加规范，以确保其证明力。司法实践亦证明，上述努力是有效果的，目前大量的刑事案件定案中的证据都或多或少地使用电子数据，而在某些案件中电子数据证据甚至成为主要的定案根据。就此而

---

① 童飞霜、向培权：《大数据分析报告作为刑事证据的可能与限度——以权利保护为中心的制度回应及规则探求》，载《司法体制综合配套改革与刑事审判问题研究——全国法院第 30 届学术讨论会获奖论文集》（下）2019 年，第 1754 页。

② 冉富强、耿鹏飞：《大数据时代刑事电子数据证据的法律规则》，载《铁道警察学院学报》2018 年第 2 期，第 75 页。

③ 谢登科：《电子数据证据使用的五大法律问题》，http：//www. sohu. com/a/236281575_753969.［2018-06-17］/［2019-09-11］.

言，大数据分析报告并非我们主观臆想的产物，而是客观的存在，我们对其只能客观对待，认真分析判断并予以规范。

第二节　刑事案件大数据分析报告属性探析

刑事案件大数据分析报告是否具有证据属性不应将其置于实体规范层面予以讨论。因为就现有证据种类来看，刑事案件大数据分析报告证明案件事实的方式具有独特性，难以归属于现有证据种类，这也正是对其属性有不同观点的主要原因。只有将刑事案件大数据分析报告置于应然意义上讨论方具有一定的理论与实践价值。为此，笔者拟从以下几个方面对刑事案件大数据分析报告的属性予以阐述。

一、从大数据分析报告司法实践作用看

大数据分析报告法律属性引发实践与理论争议源于司法实践的应用。司法实务部门对大数据分析报告并非主动选取的结果，而是源于大数据的涌现迫使司法实务部门不得不面对这一现实问题。大数据分析报告在司法实践中的运用贯穿于刑事诉讼始终，涵盖了立案、侦查、审查起诉与审判四个诉讼阶段。

刑事立案不是目的而是开启后续刑事诉讼行为的必经阶段。紧跟刑事立案之后的刑事侦查的核心任务是搜查相关犯罪证据，寻找犯罪嫌疑人，查证犯罪事实。其中锁定犯罪嫌疑人是刑事侦查的前提，而如何快速有效地查获犯罪嫌疑人又成为侦查机关的核心工作。大数据分析可以从海量数据中挖掘、比对个人信息，为准确锁定犯罪嫌疑人提供技术支持。也正是因为大数据分析在查获犯罪嫌疑人方面的有效性，有学者对大数据分析报告挖掘犯罪嫌疑人的类型进行了深入研究，并将其区分为两种类型：一是目标锁定型数据挖掘。该类型是指通过大数据分析对比挖掘发现并锁定犯罪嫌疑人；二是确认型数据挖掘。该类型是指通过大数据分析挖掘并比对

涉嫌的犯罪嫌疑人，并予以确认犯罪嫌疑人。[①] 我国司法实务中通过运用大数据分析实现两项重要的任务，一是通过大数据分析发现案件线索，如“通过对数据的挖掘、比对和分析，还可能会收集到与犯罪行为人有关联的更深层次的案件线索，如有关犯罪行为人的生活、工作、学习经历，性格特征，个人喜好、人际关系等方面的数据信息”。[②] 二是通过大数据分析发现线索进而发现案件。[③] 此种方式改变了传统侦查机关被动发现案件事实的侦查模式，大数据分析让公安司法机关在发现犯罪中更具有针对性与主动性。

通过大数据分析报告获得的案件线索及查获的犯罪嫌疑人成为案件侦破经过的重要组成部分。侦查机关在侦查终结完毕之后需要将案卷材料移送检察机关进行审查起诉。在此阶段，检察机关需要对大数据分析报告的属性进行认定。司法实践中，对此有不同的做法，有的检察机关只是将其作为“案件情况说明材料”移送法院。而有些检察机关则将其作为证据直接移送法院。如在尚某涉嫌内幕交易一案[④]中，检察机关对涉嫌犯罪的尚某作出不予批准逮捕决定的主要原因是本案没有嫌疑人的口供，且同案犯在逃。检察机关为此对本案的侦查机关提供法律指导意见：根据本罪涉及的犯罪构成要件内容，通过数据库查证嫌疑人的资金账户、资金流向、交易记录和历史对比进行大数据挖掘分析。侦查机关最终将包括尚某在内的六名犯罪嫌疑人抓获并移送审查起诉。在审查起诉中，“办案人员再次邀

---

① See Christopher Slobogin, “Government Data Mining and the Fourth Amendment,” The University of Chicago Law Review, vol. 75, no. 1. 2008, pp. 322-323.

② 王彬：《犯罪侦查的大数据视角分析》，载《河南警察学院学报》2018 年第 5 期，第 106-107 页。

③ 例如，某年冬天，甲县乙村刘某某到派出所报案称，其妻因与其发生口角，离家出走已经 10 多天未归，自己到亲戚、朋友、熟人处寻找也没有结果。派出所接到报案后，一方面通过失踪人员数据库系统和其他方式安排寻找失踪人员事宜，另一方面对刘某某个人及家庭情况展开调查。经调查发现，刘某某有上网聊天与交友的嗜好，并且与多名女性网友有暧昧关系。在厘清刘某某的个人情况后，侦查人员运用大数据分析方法，对刘某某的网络交友情况、手机话单、近期的活动轨迹等情况进行搜索、挖掘、分析和研判，获得了与刘某某妻子失踪相关的线索，综合分析后认为，刘某某有杀害其妻子的可能性，最后通过相关案件线索侦破了刘某某杀妻一案。参见王彬：《犯罪侦查的大数据视角分析》，载《河南警察学院学报》2018 年第 5 期，第 107 页。

④ 吴美满：《运用大数据分析突破“零口供”内幕交易案》，载《人民检察》2018 年第 2 期，第 66 页。

请泉州市信息技术局提供协助，运用大数据技术和关联分析手段，以可视化图表的方式分析、展示其相关交易行为，清晰得出五名犯罪嫌疑人的交易行为明显异常的结论，犯罪嫌疑人的辩解难以成立。2016 年 10 月至 12 月间，检察机关经审查先后对王某等六名被告人分别以泄露内幕信息罪、内幕交易罪提起公诉，案件正式进入法院审理程序”。[①]

法院对大数据分析报告的态度与检察机关类似，也表现出二元化特征。在上述尚某一案中，检察院在庭审中采用多媒体技术方式展示大数据分析报告，得到了法院的认可，从而得以认定行为人构成犯罪。但有些法院对此持否定态度，不认为大数据分析报告具有证据属性，其主要理由是现有的证据种类难以涵盖大数据分析报告。但该法院又不得不承认大数据分析报告在案件处理中确实起到了重要的证明作用。为此，几乎所有对大数据分析报告证据属性持否定态度的法院又表现出较大的统一性：以变通的方式认可了其对案件事实的证明作用，而非直接排除。如有的法院将其视为专家辅助人的意见。严格来讲，专家辅助人员意见并非属于法定证据类型，但实际上却起到了重要的证明案件事实的作用。以至于最高人民法院《关于适用〈中华人民共和国民事诉讼法〉的解释》明确规定：“具有专门知识的人在法庭上就专业问题提出的意见，视为当事人的陈述。”而 2018 年最高人民检察院第八批指导性案例第 28 号中更是明确提出专家辅助人的意见可以作为定案的根据。尽管上述文件并非专门用于规范法院处理刑事案件，但上述规定证明专家辅助人的意见对案件事实认定的重要作用。换言之，大数据分析报告对案件事实的认定同样起着重要的作用，只是囿于立法的缺失，法院将其视为专家辅助人意见是不得已而为之的做法。有些法院将其作为“破案经过材料”对待[②]。有些法院只是将其作为独立的报告看待，但承认其对案件的证明作用，法律意义上处于定罪量刑

① 吴美满：《运用大数据分析突破“零口供”内幕交易案》，载《人民检察》2018 年第 2 期，第 66 页。

② 参见《湖北省安陆市人民法院刑事判决书》（2017 年）鄂 0982 刑初 13 号。

参考性材料地位。[①]

二、从大数据分析报告立法规范文件看

正是基于大数据在司法实践中发挥了极为重要的作用，立法者对其作出了积极回应。2015 年 8 月 31 日，国务院以国发〔2015〕50 号印发《促进大数据发展行动纲要》。该纲要包括发展形势和重要意义、指导思想和总体目标、主要任务、政策机制 4 部分。[②] 该纲要充分肯定了大数据的重要意义，并从宏观上规划了大数据发展的主要内容。该纲要成为指导我国大数据立法实践的依据。在微观层面，目前仍然缺乏专门规范大数据分析报告的法律文件，但不乏有规范大数据分析报告的间接规定。2012 年修订的刑事诉讼法新增加了技术侦查措施。但遗憾的是，刑事诉讼法并未对具体技术侦查手段作出规范，通过大数据收集（分析）获得的证据是否属于上述法律规定的技术侦查手段并不明确。但不容否认的是，侦查机关利用大数据进行侦查的过程一般会涉及技术手段的使用，故将其认定为技术侦查手段并非没有道理。2020 年《程序规定》第 255 条第 1 款规定：技术侦查措施是指由设区的市一级以上公安机关负责技术侦查的部门实施的记录监控、行踪监控、通信监控、场所监控等措施。可见 2020 年《程序规定》将技术侦查定位为监控措施，而大数据收集中的筛选、比对与挖掘行为均属于广义上的监控行为。《公安机关执法细则》（第三版）将“查询、检索、比对数据”单列为一种侦查措施，规定进行下列侦查活动时，应当利用有关信息数据库查询、检索、比对有关数据：（1）核查犯罪嫌疑人身份的；（2）核查犯罪嫌疑人前科信息的；（3）查找无名尸体、失踪人员的；（4）查找犯罪、犯罪嫌疑人线索的；（5）查找被盗抢的机动车、枪支、违禁品以及其他物品的；（6）分析案情和犯罪规律，串并案件，确定下步侦

---

① 如在唐某某操纵股票一案中，相关一方出具了唐某某操控 19 个账户的相关数据信息。法院并未对该报告的性质进行归类，但据此认定了唐某某对 19 个账户有掌控权限。参见唐某某操纵证券市场案，北大法宝，http：//pkulaw. cn/case_es/pfnl_1970324840980445. html？ match = Exact.

② 国务院《促进大数据发展行动纲要》。

查方向的。[①] 尽管上述法律规范文件是针对侦查行为的，但该侦查行为无疑包含大数据分析，侦查的核心是获取相关证据以查明案件事实，大数据分析报告在查明案件过程中扮演着极为重要的角色，可见大数据分析报告具有实际的证明价值。

也正是因为大数据分析在侦破刑事案件中的独特作用，相关法律规范文件进一步对大数据分析种类作出规定。《电子数据证据规定》第 16 条第 1 款规定：对扣押的原始存储介质或者提取的电子数据，可以通过恢复、破解、统计、关联、比对等方式进行检查。必要时，可以进行侦查实验。该条款目的在于规范电子数据的收集与提取。上述法律条文中的关联与比对是大数据分析的重要方法，尽管该规范性文件并未对关联与比对的结果作出规定，但分析报告无疑是其承载结果的主要形式。这意味着，大数据分析报告在法律规范层面已有相应依据。《电子数据证据规定》第 23 条进一步规定了电子数据的审查与判断方法：对电子数据是否完整，应当根据保护电子数据完整性的相应方法进行验证：（1）审查原始存储介质的扣押、封存状态；（2）审查电子数据的收集、提取过程，查看录像；（3）比对电子数据完整性校验值；（4）与备份的电子数据进行比较；（5）审查冻结后的访问操作日志；（6）其他方法。从其内容看，该条款是为了确保数据的完整性与可靠性而设计的，其目的是保证“大数据分析”具有证明力。

综上，尽管我国刑事诉讼法及相关法律规范性文件并未直接规定大数据分析报告这一证据种类，但其规定内容已然涵盖了大数据分析报告这一独特的证据种类。相关司法解释与规范性文件对其审查判断方法的规定进一步证明大数据分析报告作为证明案件事实的材料具有实质的证据价值。

三、从大数据分析报告应然价值上看

与其他部门法学不同的是，证据法学科带有开放性特征。尤其是证据的关联性具有事实性特点，而证明力的认定又属于自由裁量的范畴，这使

① 《公安机关执法细则》（第三版）第 29-02 条。

得证据法不仅有法律规则性特点，还带有浓厚的事实性意蕴。这意味着证据法学科更容易受到其他学科发展的影响，更容易接受新的科学方法论在认识领域方面的影响。大数据作为当下“互联网+”时代显著经济标签之一，大数据分析技术已经成为中国经济社会领域创新的原动力之一，在经济生活领域已经成为新的认识论工具。对于证据研究而言，大数据分析技术能够对互联网全样本复杂数据进行大规模分析，对事件之间相关性趋势作出量化评价。[①] 大数据分析有助于司法者对某件事实作出更加有倾向性的认定，这就满足了证据相关性条件。证据作为论证案件的事实前提，带有些许瑕疵是正常现象，只要证据在认定某一案件事实中实现如下目标即可：有此证据使得有此案件事实的概率增加。换言之，“各种地图、表格、图表及照片、录像与计算机动画数据等理解其他事实材料具有实质性帮助时就说明该证据具有相关性”。[②] 大数据分析无疑对案件事实的认定会起到实质性的帮助，故将其视为证据并无不妥。

证据的运用过程是证据推理的过程。证据与案件事实的连接纽带正是司法主体根据证据本身对案件事实之间的关联性推断。传统司法主体在认定案件事实中更多地依赖既有专业知识与经验、逻辑推断能力。大数据分析报告有别于传统证据的是其形成过程充满了机器逻辑。但这并不意味着大数据分析报告本身就没有人类的推断逻辑、经验等运用。如何界定大数据范围、选用何种机器逻辑、进行几维方式的分析及对数据结果的再分析均涉及人类知识经验的判断问题。换言之，大数据下的机器理性不能代替人类理性，两者之间形成优势互补，而非零和关系。就逻辑与经验之间的关系而言，两者并非非此即彼的关系。否定大数据分析报告不能作为证据处理的观点者大都认为，在大数据分析报告中法官的经验使用较少，甚至是忽略不计的，这不符合证据运用的传统规律，背离了运用证据证明案件事实的“自由”原则，极有可能被技术绑架，司法权有被技术侵入的危

① 周蔚：《大数据在事实认定中作用机制分析》，载《中国政法大学学报》2015 年第 6 期，第 65 页。

② See Kenneth S. Broun, McCormick on evidence, Seventh Edition, West Academic, 2013, p. 395.

险。大数据、人工智能等作为现代化技术极有可能在推动司法技术化过程中削弱司法权威，因为“在技术驱动的现代化路径中，技术话语的重要性逐步提升甚至有超越专业话语的趋势，典型表现在技术话语地位的中心性、目标的全面性，尤其值得强调的是在现有的技术驱动的现代化路径中，技术甚至被视为可以直接解决司法公正与司法权威问题。由此，原有的传统法学知识就处于被技术话语定义的位置，与专业话语相关的专业权力也就有被削弱甚至剥夺的可能”。①

实际上这种担心是多余的，或者说是因为对新生事物不了解而产生的一种过度担忧。首先，证据推断中的经验是相对的，对于新出现的、不成熟的科学知识或认知方法，我们很难将其认定为经验，更多地将其看成一种科学逻辑。但当我们能够熟悉甚至能够不断改进该方法时，则该方法就可能成为我们人类的经验。其次，证据推断中的经验可以区分为一般经验与特殊经验。一般经验是指“被假定为由一个普通成年人所拥有的足够经验相关证言主题”。特殊经验是指“仅由已经从事某种特殊行业、商业、艺术、科学或其他恰当活动的那些人也就是专家们所拥有的足够经验”。②但实际上，当上述特殊经验成为社会一般公众经验时，则特殊经验也能够为司法者所掌握，转变为一般经验。“大数据分析最显著的特征是：全样本、混杂性、相关性，对于大数据分析的特征，全样本和混杂性是较为纯粹的技术问题，相关性则是大数据分析作为证据来讨论的出发点，大数据分析报告在当下是一种以数据可视化为表现形式的特殊经验。”③ 证据的相关性由证据的实质性与证据的证明力组成。证明力强调的是逻辑上的因果联系，实质性则是指事实之间的关联性。事实之间是否具有关联性是基于司法主体的经验进行的推断，但同样可以基于计算机的总量计算。大数据分析同样存在司法主体的逻辑与经验运用，只是在海量数据面前司法者难

---

① 王禄生：《大数据与人工智能司法应用的话语冲突及其理论解读》，载《法学论坛》2018年第5期，第141页。

② 转引自［英］威廉·特文宁：《证据理论：边沁与威格莫尔》，吴洪淇、杜国栋译，中国人民大学出版社2015年版，第220页。

③ 周蔚：《大数据在事实认定中作用机制分析》，载《中国政法大学学报》2015年第6期，第69页。

以将传统的逻辑与经验运用于所有的数据分析。在人工智能、机器算法发展的推动下，我们完全可以借助其分析算法预测事件之间的关系，为查明案件事实提供认识论方法。

综上，刑事案件中大数据分析报告的证据属性是不言而喻的，只是在立法缺失有针对性规范的当下，司法者无从对这一既新颖又充满特殊性的证据进行“合法”认定。这是导致司法实务部门与学术界对大数据分析报告看法不一的主要原因。但学术争议无法代替司法判决，司法者面对一个个鲜活的个案，如何对大数据分析报告进行准确评价依然是摆在他们面前的一个现实问题。判决书也不宜对大数据分析报告的属性进行自由的学术评价，亦不能直接创设大数据分析报告这一证据种类。笔者认为，务实的做法是就大数据分析报告采取三步走的做法，分为当下、中期、远期三个阶段对大数据分析报告进行法律定位。

第三节　刑事案件大数据分析报告定性三步走战略

通过上文的论述，我们不难得出大数据分析报告的证据属性结论，但从时间上看，目前不适宜将其作为单独的证据种类进行认定，也不宜将其归属为其他证据种类。务实的做法是将其区分为办案参考阶段、鉴定意见阶段与新型证据阶段。

一、大数据分析报告作为办案参考阶段

目前将刑事案件大数据分析报告定位于办案参考阶段主要是基于以下几个方面的考虑。

首先，人类对大数据分析报告这一新鲜事物并未达到熟练掌握的程度。尽管目前在很多案件中已经适用大数据分析报告办案，但其中暴露出的问题和尚未出现的问题值得我们关注。大数据分析报告作为新鲜事物，我们尚不能对其充分了解与把握。例如，何为大数据，其内涵与外延是什

么？我们无从得知。翻阅现有文献资料都难以找到一个规范性的概念对其予以界定。个别概念也只是从社会学或计算机科学的角度对大数据作了原则性界定。当下我们缺乏对大数据未来发展趋向与边界的预测能力。大数据内涵与外延的准确界定牵涉控辩双方的切身利益。并且，若外延界定不准，控辩双方均可对大数据的范围进行对抗质疑，影响诉讼效率。同理，何为“分析”也不明确，该分析是否只要符合基于机器算法进行逻辑分析即可，还是必须包括机器与人类的双重分析？笔者认为，熟练把控大数据分析报告的未来走向需要“充分的时间”保证。易言之，只有经过时间的洗礼，我们方能把握大数据分析报告的本质。纵观刑事诉讼法发展历史，任何概念、诉讼规则与制度的确立都经历了漫长时间的等待。电子数据证据自出现到正式纳入刑事诉讼法先后历经 30 余年的时间。在这 30 余年的时间里，司法者对电子数据的认知经历了由否定到怀疑、彷徨再到肯定的漫长而又复杂的心路历程。而自 2012 年刑事诉讼法确定电子数据证据种类以来，电子数据证据规则又获得了进一步的发展与完善①，所有这些都是源于一定时间的打磨。同样，大数据分析报告也必须经历一定时间的历练，方有可能走向完善，成立独立的证据种类。

其次，辅助大数据分析报告的科技手段尚待提高。“大数据的处理方式是相对传统的计算处理和分析机制的一次根本的转变。”② 以至于有学者将此转变称为继验证、推理和计算之后人类认知世界的“第四范式”。③ 大数据分析报告的精确度与大数据分析工具的成熟有着密切的联系。目前市场上大数据分析工具较多，何种分析工具更具有合理性与科学性尚缺乏定论。目前市场中的大数据分析工具各有优缺点，目标主体在选取大数据分

---

① 2012 年刑事诉讼法将电子数据证据纳入刑事证据种类之后，相关部门先后出台了若干针对电子数据证据的法律规范文件，具体包括公安部《关于办理网络犯罪案件适用刑事诉讼程序若干问题的意见》《电子数据证据规定》最高人民法院、最高人民检察院、公安部《关于办理电信网络诈骗等刑事案件适用法律若干问题的意见》《取证规则》。

② 张吉豫：《大数据时代中国司法面临的主要挑战与机遇——兼论大数据时代司法对法学研究及人才培养的需求》，载《法制与社会发展》2016 年第 6 期，第 53 页。

③ Kristin M. Tolle, D. Stewart W Tansley, Anthony J. G. Hey. “The fourth Paradigm: Data-Intensive Scientific Discovery”, Proceedings of the IEEE. Vol. 99, No. 8 (2011), pp. 1334-1337.

析工具时一般带有一定的倾向性。目前市场较好的大数据分析工具有 Hadoop①、HPCC②、Storm③、Apache Drill④、Rapid Mine⑤、Pentaho BI⑥ 等。此外，还有大量的各种类型的数据分析工具，且每年都会有大量新型软件工具涌向市场。上述分析工具何者更适用于司法数据的分析，尚无法得知。况且大量的分析工具为国外研发，我国自行研发的软件较少，官方投入研发的更少。司法实践中控辩双方对于选取何种分析工具、何种算法很可能存在分歧，甚至不乏故意混淆算法以蒙混过关的情形。⑦ 如在江西省高级人民法院（2016）赣刑终 33 号刑事判决书中就涉及被告人以大数据分析结果为依据提出辩护，指出其侦查机关存在非法取证的概率较高，应当排除其相关证据的理由。本案中“被告人虽采用了概率分析的大数据论证，但却暗中偷换了基准率频率与发生率频率的运用。通过对记录误差的放大及行贿时间背景因素的冲淡，剔除了重要数据并进行了选择性运算，从而达到所谓的‘非法证据排除’的主张”。⑧ 大数据分析最终以客观数据的方式予以呈现，具有较强的话语优势。但问题也较为明显，尤其是行为人基于特定目的对数据与分析工具进行刻意选择，并对算法进行操纵的情

① Hadoop 是一个能够对大量数据进行分布式处理的软件框架。Hadoop 还可伸缩，能够处理 PB 级数据。此外，Hadoop 依赖社区服务器，因此它的成本比较低，任何人都可以使用。

② HPCC 是 High Performance Computing and Communications（高性能计算与通信）的缩写。HPCC 是美国信息高速公路上实施的计划，该计划的实施将耗资百亿美元，其主要目标：开发可扩展的计算系统及相关软件，以支持太位级网络传输性能，开发千兆比特网络技术，扩展研究和教育机构及网络链接能力。

③ Storm 是自由的开源软件，是一个分布式的、容错的实时计算系统。Storm 可以非常可靠地处理庞大的数据流，用于处理 Hadoop 的批量数据。

④ Apache Drill 项目其实是从谷歌的 Dremel 项目中获得灵感：该项目帮助谷歌实现海量数据集的分析处理，包括分析抓取 Web 文档、跟踪安装在 Android Market 上的应用程序数据、分析垃圾邮件、分析谷歌分布式构建系统上的测试结果等。

⑤ Rapid Miner 是世界领先的数据挖掘解决方案。该数据挖掘涉及范围广泛，包括各种数据艺术，能简化数据挖掘过程的设计和评价。

⑥ Pentaho BI 平台不同于传统的 BI 产品，它是一个以流程为中心的，面向解决方案（Solution）的框架。

⑦ 在人工智能领域，算法主要可分为符号学派、联结学派、进化学派、贝叶斯学派与类推学派五种类型。［美］佩德罗·多明戈斯：《终极算法机器学习和人工智能如何重塑世界》，黄芳萍译，中信出版集团 2017 年版，第 66 页。

⑧ 参见巩寒冰：《概率性证据研究中的认识悖论》，载《证据科学》2016 年第 2 期，第 234-245 页。

形下，最终可能形成不同甚至相互冲突的结果。就此而言，大数据分析的专业性与科学性很可能掩盖行为人基于特定目的而有意选取分析工具的错误。

最后，法庭缺乏质证大数据分析报告的能力。大数据分析报告若作为证据予以使用必然要接受法庭控辩双方的质证。控辩双方是否有能力质证该大数据分析报告及法庭能否控制该质证程序值得怀疑。大数据分析报告形成过程过于专业，其复杂程度已经远远超出一般人的理解能力，甚至专业人员也无法对其算法作出准确说明，[①] 这将严重影响到被告人的质证权与其他诉讼权利。[②] 这就是域外学者所提到的“算法黑箱”，即人工智能本身与人工智能的设计者都难以将这一问题解释清楚。以至于有学者质疑通过说不清楚的黑箱做法计算得到的大数据分析报告的正当性。[③] 更为重要的是，对大数据分析的工具原理及算法均属于商业秘密范畴，相关权利人不会愿意在法庭上就其商业秘密进行解释与说明。当然，立法者可以在衡量司法价值与商业秘密之间的利益后作出立法选择，要求商业公司必须提供相关算法的说明。但从域外法律规定看，鲜有立法作此规定。商业秘密是市场经济发展的重要推动力，司法者要求市场主体在法庭详细说明商业秘密的行为极有可能给该市场主体带来重大利益损失，打击市场主体的创造精神。进一步而言，即便可以通过各种方式将损失降到最低，在“黑箱算法”的大前提下，开发公司也未必能够将具体算法说清楚。各大法律科技公司都标榜自己开发的大数据分析软件是最先进的，但是否属于最先进无从得知。市场上通用的分析软件与法律之间基本是“两层皮”关系，软件开发中并未考虑法律专业术语、规则等特有现象，只是简单地将软件运用于法律行业。如此，法律科技公司人员根本就没有能力解读专业性极强的分析工具及其算法原理。而软件开发者虽然了解分析工具的运行过程，

① See Frank Pasquale, The Black Box Society: The Secret Algorithms That Control Money and Information (2015).

② See Criminal Law-Sentencing Use of Algorithmic Risk Assessments in Sentencing-Wisconsin Supreme Court Requires Warning Before 121 HARV. LREV 1530 (2017).

③ 参见林勤富、刘汉威:《人工智慧法律议题初探》，载我国台湾《月旦法学杂志》2018 年第 3 期，第 43-57 页。

但因其不熟悉法律专业知识而导致其不能深度结合法律问题分析说明报告形成过程的科学性与合理性。

综上，受制于各方面因素，立法者有必要给司法实践留足试错的时间，在不断提高以软件分析工具为代表的科技辅助系统的同时，着力研发以法律与科技相融合的分析工具与机器算法，并在配合商业秘密、个人信息权法律完善基础上，制定完善的大数据分析报告证据规则。目前，上述条件尚不完备，但考虑大数据分析报告对案件事实的证明作用，可以考虑将其作为办案的参考，并不断累积有益经验。

二、大数据分析报告作为鉴定意见阶段

大数据分析报告受科学技术发展影响较大，尤其是多媒体、互联网的运用使得数据总量呈指数级速度增长。法庭很可能迫于大数据分析报告在司法实践中的广泛运用而不得不将其作为法定证据种类予以采纳。在相关配套科技、诉讼制度尚未完善的情况下，可以将其归类于与其最为相似的司法鉴定意见中，以作权宜之计。因为“大数据证据无疑是一种专业性或科学性很强的证据，其结论部分的意见表达是普通人无从凭借常识就能理解的。而在我国现行法律框架中，只有鉴定意见与之相符……将大数据证据纳入鉴定意见之列，既具有形式上的亲缘性、可比性，也满足司法追求经济性的原则，司法人员可以相对容易地援引鉴定意见的审查判断规则去处理大数据证据的效力”。[①] 从鉴定意见发展历史看，其外延呈逐渐扩张趋势，经历了由最早的物证类鉴定、法医类鉴定扩展至声像资料鉴定，再到电子数据鉴定的过程。大数据分析报告与上述声像资料、电子数据无论是从内容、形式还是发展过程上均具有相似性，将其纳入鉴定意见范畴具有一定的依据。但目前的鉴定意见规则难以满足将大数据分析报告用作证据的要求，未来立法有必要完善鉴定意见规则，以能够吸纳大数据分析报告证据，具体包括以下四个方面。

首先是鉴定程序启动主体问题。根据现有法律规定，对司法鉴定起主

① 刘品新：《论大数据证据》，载《环球法律评论》2019 年第 1 期，第 28 页。

导作用的是侦查机关。对于绝大部分案件，侦查机关一般通过指派内部鉴定人员对专业性问题进行鉴定，只有在一些案情比较复杂的案件中，侦查机关才有可能聘请社会鉴定机构对专业性问题进行鉴定。法院对鉴定程序的启动缺乏实际的控制能力。“至于被告人及其辩护人，即使对侦查机关提交的鉴定意见提出了重大异议，也无权自行委托鉴定人和提交本方的鉴定意见，而只能申请检察机关、法院启动重新鉴定或补充鉴定程序”。[①] 鉴定意见在司法裁判中往往起到关键性作用，控辩双方对鉴定意见的分歧意见也是最大的，这是导致实务中被告人与辩护人经常申请重新鉴定的主要原因。但被告人申请鉴定并非一定能启动重新鉴定程序，一定程度上增加了上诉率，使得司法裁判可接受程度降低。若将大数据分析报告纳入鉴定意见范畴，有必要改鉴定启动单一程序为双向程序，即控辩双方原则上都可以启动鉴定程序，辩方原则上拥有独立聘请鉴定人进行鉴定的权利，具体理由如下：其一，大数据分析报告使用分析工具并不成熟，使用不同分析工具形成的结论可能有差异；其二，大数据分析报告使用的机器算法可能影响最终结果的走向；其三，大数据分析报告涉及多个专业知识的混合，这与传统鉴定事项一般限于某个特定领域不同，联合鉴定或者分阶段鉴定很可能出现于大数据分析报告中。为此，未来立法应该赋予辩方委托鉴定人进行大数据分析报告的权利，从而有效地对质该意见，以达到息诉服判的目的。

其次是鉴定主体资格问题。传统鉴定主体是否符合法律规定条件要求一般容易判断，只需要按照执业证书进行审查即可。对于不符合鉴定形式要件的一般容易排查，即使其鉴定实质能力一般也可予以审查排除。若将大数据分析报告纳入鉴定意见范畴，则其鉴定人员资格审查就变得异常重要。如前所述，大数据分析报告的形成可能涉及多个方面的知识。“常见的电子数据专门知识涉及手机取证、数据恢复、大型服务器取证、计算机文件系统分析、伪基站鉴定、软件功能分析、文件的真实性和同一性认定等。这些领域的鉴定人都统称为电子数据鉴定人，这种不区分专业知识的

① 陈瑞华：《鉴定意见的审查判断问题》，载《中国司法鉴定》2011 年第 5 期，第 2 页。

局面使得面对电子数据鉴定意见时，需要对鉴定人的相关背景与其作证内容的适格性问题好好审查。”[①] 大数据涉及的问题更多，大数据分析报告的形成过程可能需要若干人的参与，若鉴定人只有一人，则该鉴定人必须具备综合性的知识背景。但就目前情况来看，在大数据领域精通各个专业知识的人寥寥无几。若未来立法允许联合鉴定，则必须进一步审查各鉴定人的鉴定资质，并对各鉴定人之间的知识背景是否能够形成可行的专业知识链条进行审查。

再次是鉴定意见质证方式问题。传统对鉴定意见质证方面多重视出庭质证规则的构建，并认为落实庭审实质化改革的核心问题是“落实鉴定人出庭的规定、明确‘有专门知识的人’的法律定位”。[②] 但大数据分析报告的专业性决定了要想弄懂所有问题需要花费极大的时间与精力。庭审言辞方式质证对控辩双方包括司法裁判者有着极高的要求，使质证过程中失控的可能性升高。司法实践中不乏控辩双方对大数据分析中的问题因发问不当使得对方与法官难以理解所提问题，降低了诉讼效率，并迫使法官要求其将问题总结好之后再行发问。[③] 为此，可以考虑在庭前进行书面质证，在明晰问题的基础上，提高质证的效率与效果。丰富鉴定意见的质证方式是源于大数据分析报告形成过程的复杂性要求，对于过于专业的技术性问题，控辩双方进行充分的事前准备，以书面的方式进行质证可以避免因知识漏洞而造成质证无效的风险，提升法庭质证效果。

最后是鉴定意见质证人员问题。从目前来看，对鉴定意见的质证人员主要是辩方自身，但随着科学技术的发展，法庭中的专业问题越来越科技化与专业化。当事人与辩护人等作为普通公民在很多专业性问题面前无能为力。当事人甚至不能就鉴定意见中的知识提出问题，因为他们可能连理解该问题的能力都极为缺乏。为此，立法设置了专家辅助人制度，旨在通

---

① 刘波：《电子数据鉴定意见质证难的破解之道》，载《重庆邮电大学学报（社会科学版）》2018 年第 1 期，第 49 页。

② 卞建林，谢澎：《庭审实质化与鉴定意见的有效质证》，载《中国司法鉴定》2016 年第 6 期，第 3 页。

③ 如在快播案中，庭审就出现了类似发问不当拖延诉讼效率的问题。

过同行专家的质证解决专业性问题。我国的专家辅助人有点类似于国外的专家证人，“英国专家学会为专家证人开设了一系列的培训课程，以教授‘专家’们如何从一个纯粹的专家转变为专家证人”。[①] 笔者认为，在鉴定意见规则中引进专家证人制度是有必要的，这是刑事诉讼法控辩平等原则的重要体现。平等的前提是双方之间具有平等对话的能力，在当事人缺乏此种能力时，就应该通过制度强化此种能力。如前所述，我国立法对鉴定意见程序采取了单一启动模式，同时赋予辩方申请重新鉴定的救济权利。但“这种将鉴定意见争议通过重新鉴定来解决的机制，却在实践上造成了不断重新鉴定的问题，使法官在重新鉴定问题上越陷越深而无法自拔，重新鉴定逐渐演变为重复鉴定，并造成了久鉴不决，影响了司法公正”。[②] 将专家证人引入鉴定意见规则可在一定程度上降低申请重新鉴定的现象，极大地减少对鉴定意见的争论。“这是一个学术和职业日益专业化的时代。可得的知识现在是那么的浩如烟海，通过互联网是那么容易获悉，没有人能够指望在其教育或工作生涯中掌握整个知识领域。”[③] 大数据分析报告涵盖若干个专业知识领域，相较于传统司法鉴定，任何一个大数据分析报告都属于疑难、复杂的专业性问题。联合鉴定、分阶段鉴定将在该类型鉴定意见中成为常态。实际上，我国已经有文件对联合鉴定问题作出规范。《司法鉴定程序通则》第34条规定：对于涉及重大案件或者特别复杂、疑难、特殊技术问题或者多个鉴定类别的鉴定事项，办案机关可以委托司法鉴定行业协会组织协调多个司法鉴定机构进行鉴定。该条文旨在对司法鉴定中的特殊事项作出规定。但在大数据分析报告中将成为正常现象。就此而言，在鉴定意见中引入专家证人规则更为必要，即对鉴定意见采取强制性的专家证人对质制度，在配合鉴定意见单向启动为双向启动改革基础上，控辩双方均应聘请专家证人对质鉴定意见。此外，未来立法有必要在现有专家辅助人制度基础上进一步完善专家人员门槛规则与质证规则。

---

① 徐继军：《专家证人研究》，中国人民大学出版社2004年版，第7页。

② 郭华：《论鉴定意见争议的解决机制》，载《法学杂志》2009年第10期，第64页。

③ ［美］EdwardJ. Imwinkelried：《论表象时代的终结》，王进喜译，载《证据科学》2011年第4期，第470-479页。

正如波斯纳所言："科学家想要运用诡辩时，他们比其他人更有资格，他们增强自己权威性的办法多种多样，利用数学的精确性施加影响，使用能唬人的行话压制疑问，在评析、试验统计或观察结果时隐瞒个人判断方面的因素等。"① 而"在实务中，当只有一方专家或技术顾问出庭时，庭审质证往往演变成对其他人员进行的专业知识普及课"。② 如此，法庭或将变成科学视野下的某个角落，当事人则成为数据与技术任意摆布的木偶，大数据分析报告的联合鉴定意见将加快这一演变。如此，完善鉴定意见规则，使其能够涵盖大数据分析报告的科学技术因素，是应对大数据现有鉴定意见规则冲击的良策。

三、大数据分析报告作为新型证据阶段

大数据分析报告在经历办案参考资料阶段与鉴定意见阶段之后，可能会积累更多的立法与司法实践经验，传统证据法制度在大数据证据运用之下经历充分的磨合后，可考虑作出适当的转变，增加大数据分析报告这一新型证据种类。

（一）大数据分析报告作为新型证据的理念要求

大数据分析报告作为新型证据绝非只是简单立法条文能够予以解决的。司法对立法的实践源于理念层面的率先转变。其实相较于实践，理念并非永远都是处于领先层面。大数据证据也好，传统证据法理念也罢，对其认知的改变实际上都是源于犯罪形式的变化。如果将传统物理空间内发生的犯罪视为原始的、宏观的犯罪，那么现在发生于网络虚拟空间的犯罪则具有现代式的、微观化的特征。传统犯罪具有强烈的视觉感，但现代社会中，行为人借助网络科学技术手段可以进行隐蔽性犯罪。相应地，犯罪证据存在的形式也由可感知的外在形态化转变为电子数据的信息化。同时，证据的质与量也发生了根本性的转变。证据的质由精确到模糊，证据的量由稀缺到海量。犯罪行为与犯罪证据的变化将根本性地影响犯罪事实

① ［美］肯尼斯·R. 福斯特、彼得·W. 休伯：《对科学证据的认定——科学知识与联邦法院》，王增森译，法律出版社2001年版，第247页。

② 刘振红：《论鉴定意见质证的特殊性》，载《法学杂志》2015年第4期，第110页。

认定思路。传统利用精确而稀缺的证据证明其与案件事实之间的因果关系理念难以适应模糊而海量的证据证明案件事实的需求。换言之，大数据分析报告证据将登上历史舞台，并在证明案件事实中扮演着极为重要的角色。

有论者基于传统证据法理论提出规范大数据分析报告的严格规则，①试图将该新型纳入传统证据法理论视野。实际上，囿于大数据的海量特征，我们无法再像传统证据法那样对证据的真实性进行精准判断。大数据与大数据分析报告的特征要求我们在运用上述证据证明案件事实中进行如下两个方面思维理念的转变。

首先，大数据的海量特征要求我们由单一思维转变为总体思维或整体思维。传统证据量的稀缺要求我们对单一证据进行全面审查，并通过强化其与案件事实之间的因果链条以弥补证据量不足的缺陷。大数据分析建立于总体样本之上，依靠大数据证明的案件事实是更为宏大的个体或者事实。而基于稀缺证据建立的事实则为微观事实。有人将其形象地比喻为“大真实”与“小真实”的关系。② 大数据时代要求司法者必须快速转换传统的小数据或抽样数据样本观念，建立总体思维证据观。正如舍恩伯格所言：“我们总是习惯把统计抽样看作文明得以建立的牢固基石，就如同几何学定理和万有引力定律一样。但是，统计抽样其实只是为了在技术受限的特定时期，解决当时存在的一些特定问题而产生的，其历史不足一百年。如今，技术环境已经有了很大的改善。在大数据时代进行抽样分析就像是在汽车时代骑马一样。在某些特定的情况下，我们依然可以使用样本分析法，但这不再是我们分析数据的主要方式，慢慢地我们会完全抛弃样本分析。”③

其次，大数据的无序特点要求我们将传统的精准查证观念转变为容错

---

① 参见冉富强、耿鹏飞：《大数据时代刑事电子数据证据的法律规则》，载《铁道警察学院学报》2018 年第 2 期，第 73-77 页。

② 刘品新：《论大数据证据》，载《环球法律评论》2019 年第 1 期，第 30 页。

③ ［英］维克托·迈尔·舍恩伯格、肯尼斯·库克耶：《大数据时代：生活、工作与思维的大变革》，周涛译，浙江人民出版社 2012 年版，第 43 页。

理念。大数据分析报告中使用的数据包括结构化的高密度信息数据与非结构化的低密度信息数据，我们无法进行每一条信息的筛查检验，在整体思维之下，数据信息的精准化被淡化，信息混乱无序的客观现实要求我们树立容错理念。"'大数据'通常用概率说话，而不是板着'确凿无疑'的面孔……试图扩大规模的时候，要学会拥抱混乱"。[①] 更为重要的是，"数据不可能是完全对或者完全错的。当数据的规模以数量级增加时，这些混乱也就算不上问题了"。[②] 实际上，也正是因为这些看似混乱的数据给我们提供了传统抽样样本无法带来的信息，使得案件事实变得更加客观与清晰。实际上"从传统概率统计的样本精确模式到大数据容错模式，人类恰似经历了正—反—合的思维转变，或是肯定—否定—否定之否定的涅槃重塑"。[③]

（二）大数据分析报告作为新型证据的规则要求

大数据分析报告核心要素包括大数据、分析与报告三个方面。相应地，该证据规则也应涵盖此三个方面，具体包括大数据真实性判断规则、分析科学性规则、报告结果的关联性认定规则。首先来看大数据真实性判断规则。大数据真实性判断主要涉及数据来源可靠性的审查。大数据是否真实将影响分析报告的可信度。我国立法与司法实践一贯重视对电子数据证据真实性的审查。最高人民法院、最高人民检察院、公安部、国家安全部、司法部《关于办理死刑案件审查判断证据若干问题的规定》（以下简称《死刑案件证据规定》）、2021 年《高法解释》及《电子数据证据规定》均针对电子证据的真实性审查判断作了较为详细的规定。但上述法律规范性文件规范的对象是单个或者微观电子数据证据的真实性，并未涉及海量数据。电子数据证据真实性包括"电子证据载体的真实性、电子数据

① ［英］维克托·迈尔·舍恩伯格、肯尼斯·库克耶：《大数据时代：生活、工作与思维的大变革》，周涛译，浙江人民出版社 2012 年版，第 46 页。

② ［英］维克托·迈尔·舍恩伯格、肯尼斯·库克耶：《大数据时代：生活、工作与思维的大变革》，周涛译，浙江人民出版社 2012 年版，第 240 页。

③ 参见张弛：《大数据思维范畴探究》，载《华中科技大学学报》2015 年第 2 期，第 120-125 页。

的真实性和电子证据内容的真实性”。[①] 我国现有法律规范文件着重规定了电子数据证据内容的真实性，并未详细涉及电子数据证据载体的真实性。大数据中，对电子数据证据载体的审查判断更为重要。如侦控机关从某会计人员的计算机中获取了海量银行账目往来数据，司法机关必须认真审查侦控机关在获取上述大数据时，该计算机系统是稳定正常运行的，没有受到外界因素的干扰。至于个别电子数据证据内容的真实性则只能采取随机抽样验证的方式进行真实性审查的判断。如对电子数据的真实性，则可通过审查电子数据形成的原理来判断是否有人进行了刻意删除、修改等。对于电子数据证据内容，即其与案件事实相关内容的真实性审查也应通过证伪的方式予以查证其真实性。换言之，大数据视野下的真实性判断应该以“规模”为中心，以“微观”为辅助，构建证实与证伪相结合的真实性审查判断规则。此外，考虑到大数据保真的困难性，可以考虑引进区块链技术[②]保存电子数据。

大数据分析报告涉及分析工具的选取与机器算法的选择。分析工具与分析方法的选取是否科学将直接影响分析结果的可靠性。就目前来看，我们尚无法准确判断何为科学的分析工具与分析方法。随着时间的推移，我们有理由相信大数据分析工具与分析方法会走向成熟。在此基础上，立法有必要构建分析工具与分析方法数据库，并进行类型化。针对案件与大数据内容的不同在司法机关认定中的数据库中可以有针对性地选择分析工具与分析方法。如此，一方面可以省去每一个案件都面临对分析工具原理和机器算法的质疑，另一方面给针对特殊案件需要特别的分析工具或特殊的机器算法进行科学性审查判断提供参考依据。与分析工具相比，对算法的审查更加重要。因为人类基于特定的目的可以进行不同算法的选取，这在很大程度上会影响分析结果。“美国一些警务实践表明，算法设计者对犯

---

① 褚福民：《电子证据真实性的三个层面——以刑事诉讼为例的分析》，载《法学研究》2018 年第 4 期，第 4 页。

② 区块链是分布式数据存储、点对点传输、共识机制、加密算法等计算机技术的新型应用模式。区块链技术具有明显的安全性特征。只要不能掌控全部数据节点的 51%，就无法肆意操控修改网络数据，这使区块链本身变得相对安全，避免了主观人为的数据变更。https：//baike. baidu. com/item/%E5%8C%BA%E5%9D%97%E9%93%BE/13465666? fr=aladdin. ［2019-10-11］.

罪威胁或风险预测、违规自动监控等的相关性赋值与权衡却带有偏见乃至错误，如与面部识别技术相关的算法对男性的识别率高于女性，对非白人的识别率高于白人。”① 大数据分析报告是“整个社会进入算法时代的产物”②。人工智能与大数据的融合发展使得人们不得不面对“黑箱算法”问题。司法实务中对其处理有不同做法，有些判例直接驳回了辩方要求对算法进行审查的要求，表现出不予理会的态度，至于其原因并不清楚。这在将大数据分析报告作为办案参考时期似乎可以理解，但在其进入法定证据种类时，法院不宜采取回避的态度。为此，有必要在构建商业秘密例外制度基础上，公开算法。因为黑箱算法会带来一定的歧视、风险与不公。以至于有人直言：“打开黑盒子，设计者与用户面对的将是一堆可以得出某种答案的主观偏见与程序。而合上之后，它体现的就是客观性——一种无须满足任何更多的条件即可生成‘是’与‘否’的二元选项的机器。”③ 当人们根据上述算法进行决策时，“根本不知道他们作出的决定是否正确，制定的政策是否公正，有没有歪曲事实”。④ 据此，公开算法，将其纳入控辩双方质证的范围是打破黑箱算法的必要选择，这让“那些对结果抱有怀疑的人可以掀开‘引擎盖子’看个究竟”。⑤ 公开算法是大数据时代实现代码正义的要求，也是打破算法垄断的有效手段，从而维护当事人合法权益，实现司法的公平正义。

大数据分析报告最重要的价值在于报告内容与案件事实具有关联性。故对分析报告结果作关联性审查就变得至关重要，此过程也是司法者对大数据分析报告进行采信的过程。但有必要指出的是，分析报告的关联性并非大数据与案件事实的关联性。分析报告是对大数据进行分析之后形成的

---

① 马长山：《智能互联网时代的法律变革》，载《法学研究》2018 年第 4 期，第 27 页。

② 徐烙等：《算法统治世界——智能经济的隐形秩序》，清华大学出版社 2017 年版，第 323 页。

③ ［美］卢克·多梅尔：《算法时代：新经济的新引擎》，胡小锐等译，中信出版社 2016 年版，第 220 页。

④ ［美］卢克·多梅尔：《算法时代：新经济的新引擎》，胡小锐等译，中信出版社 2016 年版，第 139 页.

⑤ ［美］弗兰克·帕斯奎尔：《黑箱社会——控制金钱和信息的数据法则》，赵亚男译，电子工业出版社 2015 年版，第 262 页。

新的证据，该证据是基于特定的分析工具与算法对原有数据进行运算得出的结果。大数据分析报告对案件事实的认定主要是通过验证的方式实现，具体验证的方式因其认定事实的类型不同而有所差异。基于大数据分析报告形成目的的不同可将其分为单一事实的验证、相关事实的验证与未来事实的预测三种类型。单一事实的验证是指在刑事案件中，对行为人的某犯罪行为留存的电子数据进行分析，其得出的报告与微观事实本身具有一致性，或者足以验证该事实的存在，则可认定大数据分析报告与案件事实具有关联性。相关事实的验证是指，对于已经发生的行为与结果之间的关系进行验证，“体现的是行为与结果之间的间接关联性。此类报告在刑事诉讼中只能作为间接证据使用，必须经过证据印证补强之后方可成为证据链条的一环”。[①] 对于预测型大数据分析报告，其证明价值在于对已有数据分析判断行为人未来实施犯罪的可能性，但因其不是对确定事实的验证，一定程度上违反了无罪推定原则。但该类型的大数据分析报告可以有效地预防犯罪，并可有效激活刑法中的预备犯法条规定。[②] 此外，预测型的大数据分析报告还可以有效应对预备行为实行化的犯罪，如准备实施恐怖活动罪。

对于单一事实型验证，司法者只需要按照传统关联性规则就可以判断其报告与案件事实之间的关联性，至于具体审查规则在此不再赘述。对于相关事实的验证需要在传统审查判断关联性规则基础上进一步创新审查判断规则。首先，需要将大数据证明案件事实的特殊经验纳入司法者判断关联性的既有知识与经验中；其次，承认并接受大数据证明中的弱相关关系，理顺强因果关系与弱相关关系之间的关系。大数据使得一切事物被量化变得可能，就此而言，大数据让我们对事物的定量有了更为精准的把握，但因数据的定性描述困难让我们以传统的定性标准描述数据的性质变

① 童飞霜、向培权：《大数据分析报告作为刑事证据的可能与限度——以权利保护为中心的制度回应及规则探求》，载《司法体制综合配套改革与刑事审判问题研究——全国法院第 30 届学术讨论会获奖论文集》（下）2019 年，第 1761 页。

② 我国刑法对预备犯采取了可以处罚模式，但在司法实践中鲜有对预备犯进行处罚的情形，其重要原因是对预备犯发现的困难性造成的，即传统收集证据的手段难以有效证明犯罪预备行为的发生。

得困难起来。实际上，“在大数据时代，因果关系不仅不会退居次于相关关系的地位，而且相反，作为因果派生关系，相关关系的当然基础是因果关系”。[①] 就此而言，“大数据不仅不是因果性观念的沦陷之地，反倒是进一步充分展开重新刻画的因果概念的最好场所。正是大数据带来了物数据化和数据物化的对称发展，而数据物化既是实践又是认识，它意味着一种新的因果性根据”。[②] 据此，未来立法有必要构建起审查判断大数据分析报告与案件事实之间的量化因果关系，创新大数据分析报告关联性规则。对于预测型大数据分析报告的关联性审查应该持非常谨慎的态度，该类型分析报告内容表现为对某种趋势的预判，类似于品格证据规则，但又有实质性差异。未来立法同样应该明确此种趋势性报告原则上不能作为认定行为人具有实施该种犯罪的证据，但可以将其作为反驳行为人没有实施特定行为的依据。换言之，预测型大数据分析报告对案件定性原则上没有证明力，但可以对量刑起到证明作用，如对累犯、缓刑等刑罚制度的适用等可产生实质的影响。

（三）大数据分析报告作为新型证据的配套制度要求

法律制度是法律原则与规则的总和。与具体法律规则相比，制度中还包含直接与间接相关的配套措施。大数据分析报告作为新型证据种类需要一系列制度的配套改革支持。这也是笔者不建议在当下将大数据分析报告作为单独证据类型予以认定的主要原因。制度不配套，即便有立法规定，司法实践也难以得到有效贯彻。大数据分析报告作为新型证据至少需要以下三个配套制度的构建或完善：商业秘密保护例外制度、大数据鉴定制度与利用大数据的侦查制度。

商业秘密保护例外制度是指，当因司法查明刑事案件的需要，拥有商业秘密的所有者有义务公开商业秘密内容。大数据分析报告涉及分析工具的制作过程与机器算法，上述内容基本属于商业秘密范畴。目前世界范围

---

① 王天思：《大数据中的因果关系及其哲学内涵》，载《中国社会科学》2016 年第 5 期，第 37 页。

② 王天思：《大数据中的因果关系及其哲学内涵》，载《中国社会科学》2016 年第 5 期，第 28 页。

内各国对商业秘密基本持保护态度，即当刑事案件涉及商业秘密时，司法一般让步于商业秘密。笔者认为对此不宜采取“一刀切”的方式予以处理。当保护商业秘密将严重影响到司法公正或者无法查明重大案件事实时，则有必要公开商业秘密。具体可构建如下商业秘密保护例外原则与规则，原则包括两个方面：其一，穷尽手段原则。只有当穷尽所有手段都无法查明案件事实时，方可考虑公开商业秘密；其二，重大刑事案件原则。对于可能判处10年以上的重大刑事案件方可公开商业秘密。商业秘密保护例外具体规则包括如下三个方面：其一，修改现行刑事诉讼法中关于涉及商业秘密经申请可以不公开审理的规则一律不公开审理；其二，变通公开的方式，对于特殊的商业秘密，若经司法审查即可认定机器算法的科学与否则可采取庭外审查的方式；其三，在上述方法仍无法完成查明案件事实的情况下，方可采取法庭公开质证的方式，但所有参与法庭审判的人员应该就所了解的商业秘密签署保密协议，遵守期限为该商业秘密的法律保护的最长期限。

大数据鉴定制度是指针对总体数据进行鉴定的程序制度。现有电子数据的鉴定规则主要是针对微观电子数据证据，无法满足以大数据分析报告为代表的大数据证据。大数据鉴定制度至少应涉及以下三个方面的内容：一是大数据鉴定的科学方法；二是大数据鉴定的主体；三是大数据鉴定的质证。为确保大数据鉴定方法的科学性，需要构建完善的鉴定方法数据库，以减少数据代码带来的不可控，提高刑事司法效率。大数据鉴定主体以联合鉴定为主，单人鉴定为辅。在联合鉴定的情形下，需要明确各鉴定人的责任，根据分段负责的原则，鉴定人只对自己鉴定的事项承担责任。当涉及鉴定事项前后关联时，需要进一步分析后者的鉴定行为与前者的鉴定行为是否有直接关联性，若后者鉴定错误是基于前者的鉴定错误，则后者不承担责任。反之，即使前者鉴定错误，后者的鉴定与前者鉴定缺乏关联时，则后者依然要承担鉴定错误的责任。大数据的质证主要涉及质证人员的专业问题，需要配套专家证人制度，完善专家证人资格与质证规则，从而提高质证的效果。具体前文已经述及，在此不再赘述。

利用大数据的侦查是指，“通过计算机技术对存储于网络与计算机系统中的海量数据进行收集、共享、清洗、比对和挖掘，从而发现犯罪线索、证据信息或者犯罪嫌疑人的侦查措施与方法”。[①] 目前我国缺乏利用大数据进行侦查的法律规范，但又不能将其作为典型意义上的侦查行为看待。与传统侦查相比，利用大数据侦查具有如下特征：侦查方法表现为收集、共享、清洗、比对及挖掘等特殊方法；侦查对象是数据信息；侦查本质是数据监控；侦查启动方式由被动转变为主动。传统侦查法律规范难以适用于利用大数据进行的侦查程序。大数据筛查与比对方式将原有的点对点监控升级为全面监控。有人将其称为全景式监控。“全景式的社会监控模式以及公民个人信息的深度挖掘，正在逐渐吞噬公民的私人领域，社会控制日趋紧密。此种信息获取方式，一方面在程序上存在突破权力边界侵犯公民个人信息的可能，另一方面信息的集中在客观上增加了公民个人信息泄露的风险和危害后果。”[②] 利用大数据侦查获得的证据是形成大数据分析报告的前提与基础。利用大数据侦查很有可能会侵犯公民合法权益。为此，未来立法有必要将大数据这一特殊侦查获得的证据纳入非法证据排除规则的范畴，构建大数据的证据能力制度，以满足大数据分析报告基础数据合法性要求。

第四节　结语

大数据分析报告是互联网与人工智能叠加的产物。大数据并非简单电子数据总量的增加，亦非单一电子数据证明力的累积，而是依靠人类无法量化的隐藏式规律来证明案件事实。大数据分析报告是电子数据量的积累达到质变的结果。无论是学术界对大数据分析报告的积极探索还是司法实务部门对其运用的能动反映都是大数据对社会生活产生深刻影响的体现。

① 程雷：《大数据侦查的法律控制》，载《中国社会科学》2018 年第 11 期，第 157 页。

② 于阳、魏俊斌：《冲突与弥合：大数据侦查监控模式下的个人信息保护》，载《情报杂志》2018 年第 12 期，第 148 页。

人类无法忽略这一问题的到来，但也不能就此断然认定大数据分析报告已然成为新的证据种类。正如电子证据经历了办案材料阶段、视听资料阶段直至独立证据种类阶段一样，大数据分析报告也需要经历司法实践的积淀与理论界的学术淬炼。更为重要的是，大数据分析报告与电子证据相比有本质差异，其与机器算法、人工智能等高科技呈融合式发展趋势。未来人工智能与机器算法能发展到什么程度尚不可预知，但有一点我们可以肯定的是，大数据分析报告的科学性与其证明价值会随着科学技术的发展而发展。大数据因果关系论、利用大数据进行侦查、大数据鉴定、大数据质证、大数据非法证据排除等一系列的规则制度会获得突破性发展。

大数据将深刻地改变人类的法律思维。大数据使物质量化有可能转变为现实，让我们从稀缺性证据时代迈入全量证据时期，精准化思维让步于容错思维。这使得传统的事物定性认识论转变为事物定量认识论成为一种可能。大数据第一次将普通人带入代码时代，如何将特殊的数据经验转变为自己的既有知识与人生经验，将考验着司法者的智慧。如何在全面数据量化的将来实现司法的代码正义与计算正义更是对全体人类智慧的考验。这在一定程度上取决于我们对待大数据的胸怀与灵活应对的能力，取决于围绕大数据分析报告展开的一系列证据制度改革，乃至于刑事法律制度的一体化变革！

参考文献

一、中文著作类（以出版时间为序）

1. 王燃：《大数据侦查》，清华大学出版社2017年版。

2. 李彦宏：《智能革命》，中信出版集团2017年版。

3. 徐焰等：《算法统治世界——智能经济的隐形秩序》，清华大学出版社2017年版。

4. 金江军、郭英楼：《智慧城市：大数据、互联网时代的城市治理》，电子工业出版社2016年版。

5. 涂子沛：《大数据》（3.0升级版），广西师范大学出版社2015年版。

6. 《中国共产党第十八届中央委员会第五次全体会议公报》，《中国共产党第十八届中央委员会第五次全体会议文件汇编》，人民出版社2015年版。

7. 李军：《大数据——从海量到精准》，清华大学出版社2014年版。

8. 庄乾龙：《刑事电子邮件证据论》，社会科学文献出版社2013年版。

9. 陈瑞华：《刑事证据法学》，北京大学出版社2012年版。

10. 郭瑜：《个人数据保护法研究》，北京大学出版社2012年版。

11. 樊崇义：《证据法学》（第五版），法律出版社2012年版。

12. 宋英辉、孙长永、朴宗根：《外国刑事诉讼法》，北京大学出版社

2011 年版。

13. 周友军：《侵权法学》，中国人民大学出版社 2011 年版。

14. 王利明、周友军、高圣平：《中国侵权责任法教程》，人民法院出版社 2010 年版。

15. 杨永川等：《计算机取证》，高等教育出版社 2008 年版。

16. 孙彩虹：《证据法学》，中国政法大学出版社 2008 年版。

17. 程雷：《秘密侦查比较研究》，中国人民公安大学出版社 2008 年版。

18. 何家弘：《从应然到实然——证据法学探究》，中国法制出版社 2008 年版。

19. 俞亮：《证据相关性研究》，北京大学出版社 2008 年版。

20. 朱明：《数据挖掘》，中国科学技术大学出版社 2008 年版。

21. 樊崇义：《证据法学》，法律出版社 2007 年版。

22. 孙远：《刑事证据能力导论》，人民法院出版社 2007 年版。

23. 宋英辉、汤维建：《我国证据制度的理论与实践》，中国人民公安大学出版社 2006 年版。

24. 宋英辉、汤维建：《证据法学研究述评》，中国人民公安大学出版社 2006 年版。

25. 王兆鹏：《美国刑事诉讼法》，北京大学出版社 2005 年版。

26. 纪格非：《证据能力论——以民事诉讼为视角的研究》，中国人民公安大学出版社 2005 年版。

27. 林钰雄：《刑事诉讼法》（上册），中国人民大学出版社 2005 年版。

28. 皮勇：《刑事诉讼中的电子证据规则研究》，中国人民公安大学出版社 2005 年版。

29. 陈卫东：《刑事诉讼法学》，中国人民大学出版社 2004 年版。

30. 徐继军：《专家证人研究》，中国人民大学出版社 2004 年版。

31. 郭志媛：《刑事证据可采性研究》，中国人民公安大学出版社 2004 年版。

32. 毕玉谦：《证据法要义》，法律出版社 2003 年版。

33. 何家弘：《外国证据法》，法律出版社 2003 年版。

34. 朱明:《数据挖掘》，中国科学技术大学出版社 2002 年版。

35. 何家弘、刘品新:《电子证据法研究》，法律出版社 2002 年版。

36. 彭勃:《日本刑事诉讼法通论》，中国政法大学出版社 2002 年版。

37. 林立:《法学方法论与德沃金》，学林文化事业有限公司 2002 年版。

38. 孙长永:《侦查程序与人权》，中国方正出版社 2000 年版。

39. 沈达明:《英美证据法》，中信出版社 1996 年版。

40. 程荣斌:《中国刑事诉讼法教程》，中国人民大学出版社 1993 年版。

41. 陈 一云:《证据法学》，中国人民大学出版社 1991 年版。

42. 陈朴生:《刑事证据法》，三民书局 1985 年版。

43. 陈朴生:《刑事证据法》，三民书局 1979 年版。

二、外文译著类（以出版时间为序）

1. ［美］佩德罗·多明戈斯:《终极算法机器学习和人工智能如何重塑世界》，黄芳萍译，中信出版集团 2017 年版。

2. ［德］罗纳德·巴赫曼、吉多·肯珀等:《大数据时代下半场——数据治理、驱动与变现》，刘志则等译，北京联合出版公司 2017 年版。

3.《世界各国刑事诉讼法》编辑委员会编译:《世界各国刑事诉讼法·欧洲卷（下）》，检察出版社 2016 年版。

4. ［美］卢克·多梅尔:《算法时代:新经济的新引擎》，胡小锐等译，中信出版社 2016 年版。

5. ［英］威廉·特文宁:《证据理论:边沁与威格莫尔》，吴洪淇、杜国栋译，中国人民大学出版社 2015 年版。

6. ［美］弗兰克·帕斯奎尔:《黑箱社会——控制金钱和信息的数据法则》，赵亚男译，电子工业出版社 2015 年版。

7. ［英］维克托·迈尔-舍恩伯格、肯尼斯·库克耶:《大数据时代:生活、工作与思维的大变革》，盛杨燕等译，浙江人民出版社 2013 年版。

8. ［美］道格拉斯·W. 哈伯德，《数据化决策》，邓洪涛译，世界图书出版广东有限公司 2013 年版。

9. ［日］城田真琴:《大数据的冲击》，周自恒译，人民邮电出版社

2013 年版。

10. 德国《刑事诉讼法典》，宗玉琨译，知识产权出版社 2013 年版。

11. ［德］乌尔里希·齐白：《全球风险社会与信息社会中的刑法——21 世纪刑法模式的转换》，周遵友、江溯等译，中国法制出版社 2012 年版。

12. ［俄］K. 古岑科：《俄罗斯刑事诉讼法教程》，黄道秀、崔熳、丛凤玲译，中国人民公安大学出版社 2007 年版。

13. ［德］罗森贝克、施瓦布、戈特瓦尔德：《德国民事诉讼法》，李大雪译，中国法制出版社 2007 年版。

14. ［美］阿尔文·托勒夫：《第三次浪潮》，黄明坚译，中信出版社 2006 年版。

15. ［美］李昌钰等：《李昌钰博士犯罪现场勘查手册》（第二版），郝宏奎等译，中国人民公安大学出版社 2006 年版。

16. ［德］魏德士：《法理学》，丁晓春、吴越译，法律出版社 2005 年版。

17. ［美］达马斯卡：《漂移的证据法》，中国政法大学出版社 2003 年版。

18. ［美］肯尼斯·R. 福斯特、彼得·W. 休伯：《对科学证据的认定——科学知识与联邦法院》，王增森译，法律出版社 2001 年版。

19. ［日］田口守一：《刑事诉讼法》，刘迪、张凌、穆津译，卞建林审校，法律出版社 2000 年版。

20. ［美］乔·R. 华尔兹：《刑事证据大全》，何家弘等译，中国人民公安大学出版社 1993 年版。

21. ［日］我妻荣：《新法律学辞典》，董璠舆译，中国政法大学出版社 1991 年版。

22. ［德］卡西尔：《人论》，甘阳译，上海译文出版社 1985 年版。

23. ［苏］拉·别尔金：《刑事侦查学随笔》，李瑞勤译，法律出版社 1983 年版。

三、中文期刊类（以发表年份为序）

1. 高兆明、高昊：《第二肉身：数据时代的隐私与隐私危机》，载《哲学动态》2019 年第 8 期。

2. 裴炜：《未来犯罪治理的关键：跨境数据取证》，载《中国信息安全》2019 年第 5 期。

3. 向玉兰：《关于规制垃圾信息的立法思考》，载《企业经济》2019 年第 3 期。

4. 蒋勇：《大数据时代个人信息权在侦查程序中的导入》，载《武汉大学学报（哲学社会科学版）》2019 年第 3 期。

5. 田虹、翟晓飞、王艺筱：《〈公安机关办理刑事案件电子数据取证规则〉的理解与适用》，载《派出所工作》2019 年第 3 期。

6. 赵艳红：《人工智能在刑事证明标准判断中的运用问题探讨》，载《上海交通大学学报（哲学社会科学版）》2019 年第 2 期。

7. 张可：《大数据侦查之程序控制：从行政逻辑迈向司法逻辑》，载《中国刑事法杂志》2019 年第 2 期。

8. 王艺：《大数据侦查视阈下的数据相关性关系及其证明路径》，载《江西警察学院学报》2019 年第 2 期。

9. 刘品新：《论大数据证据》，载《环球法律评论》2019 年第 1 期。

10. 林荔、高攀：《浅谈大数据整合》，载《福建电脑》2019 年第 1 期。

11. 顾理平：《大数据时代隐私信息安全的四重困境》，载《社会科学辑刊》2019 年第 1 期。

12. 于阳、魏俊斌：《冲突与弥合：大数据侦查监控模式下的个人信息保护》，载《情报杂志》2018 年第 12 期。

13. 董青岭：《预测性警务：大数据犯罪预防》，载《中国投资》2018 年第 23 期。

14. 程雷：《大数据侦查的法律控制》，载《中国社会科学》2018 年第 11 期。

15. 阳平：《从客观性到相关性：中国证据法学四十年回顾与展望》，

载《浙江工商大学学报》2018 年第 6 期。

16. 孙潇琳：《我国电子数据搜查扣押之审思》，载《中国人民公安大学学报（社会科学版）》2018 年第 6 期。

17. 江必新、郑礼华：《互联网、大数据、人工智能与科学立法》，载《法学杂志》2018 年第 5 期。

18. 蒋涛：《大数据侦查带来的法律思考》，载《江苏警官学院学报》2018 年第 5 期。

19. 王彬：《犯罪侦查的大数据视角分析》，载《河南警察学院学报》2018 年第 5 期。

20. 尚华、朱安琪：《通讯监听证据若干问题研究》，载《政法学刊》2018 年第 5 期。

21. 王禄生：《大数据与人工智能司法应用的话语冲突及其理论解读》，载《法学论坛》2018 年第 5 期。

22. 彭知辉：《“大数据侦查”质疑：关于大数据与侦查关系的思考》，载《中国人民公安大学学报（社会科学版）》2018 年第 4 期。

23. 褚福民：《电子证据真实性的三个层面——以刑事诉讼为例的分析》，载《法学研究》2018 年第 4 期。

24. 马长山：《智能互联网时代的法律变革》，载《法学研究》2018 年第 4 期。

25. 冯潇洒：《国外加密与执法案例分析及其对我国密码立法的启示》，载《信息安全研究》2018 年第 3 期。

26. 林勤富、刘汉威：《人工智慧法律议题初探》，载台湾《月旦法学杂志》2018 年第 3 期。

27. 杨婷：《论大数据时代我国刑事侦查模式的转型》，载《法商研究》2018 年第 2 期。

28. 吴美满：《运用大数据分析突破“零口供”内幕交易案》，载《人民检察》2018 年第 2 期。

29. 裴炜：《个人信息大数据与刑事正当程序的冲突及其调和》，载《法学研究》2018 年第 2 期。

30. 张陈弘：《隐私之合理期待标准于台湾地区司法实务的操作——我的期待？你的合理？谁的隐秘?》，载《法令月刊》2018 年第 2 期。

31. 冉富强、耿鹏飞：《大数据时代刑事电子数据证据的法律规则》，载《铁道警察学院学报》2018 年第 2 期。

32. 何家弘等：《大数据侦查给证据法带来的挑战》，载《人民检察》2018 年第 1 期。

33. 陈纯柱、黎盛夏：《大数据侦查在司法活动中的应用与制度构建》，载《重庆邮电大学学报（社会科学版）》2018 年第 1 期。

34. 刘波：《电子数据鉴定意见质证难的破解之道》，载《重庆邮电大学学报（社会科学版）》2018 年第 1 期。

35. 陈伶俐：《证据相关性的判断与规则构建》，载《法律适用》2017 年第 24 期。

36. 刘建华：《大数据时代挖掘隐私证据的可采性原则研究》，载《江西社会科学》2017 年第 9 期。

37. 刘军：《技术侦查的法律控制——以权利保障为视角》，载《东方法学》2017 年第 6 期。

38. 方芳：《加密技术对计算机网络的影响与应用》，载《网络安全与技术应用》2017 年第 4 期。

39. 方斌：《大数据时代侦查思维变革》，载《中国人民公安大学学报（社会科学版）》2017 年第 3 期。

40. 赵长江、李翠：《电子数据搜查扣押难点问题研究》，载《太原理工大学学报（社会科学版）》2017 年第 3 期。

41. 胡铭、王林：《刑事案件中的电子取证：规则、实践及其完善——基于裁判文书的实证分析》，载《政法学刊》2017 年第 1 期。

42. 周新：《刑事电子搜查程序规范之研究》，载《政治与法律》2016 年第 7 期。

43. 张吉豫：《大数据时代中国司法面临的主要挑战与机遇——兼论大数据时代司法对法学研究及人才培养的需求》，载《法制与社会发展》2016 年第 6 期。

44. 卞建林、谢澎：《庭审实质化与鉴定意见的有效质证》，载《中国司法鉴定》2016 年第 6 期。

45. 刘品新：《电子证据的关联性》，载《法学研究》2016 年第 6 期。

46. 陈鹏飞：《我国刑事诉讼电子证据规则的问题与完善路径》，载《行政与法》2016 年第 5 期。

47. 王天思：《大数据中的因果关系及其哲学内涵》，载《中国社会科学》2016 年第 5 期。

49. 刘昂：《刑事诉讼视角下的司法诚信与欺骗性侦查手段的运用》，载《中国人民公安大学学报（社会科学版）》2016 年第 3 期。

49. 王慧瑶：《浅谈大数据时代的关联规则研究》，载《电子科学技术》2016 年第 3 期。

50. 熊洁：《基于电子取证的分层次实验教学模式》，载《理论观察》2016 年第 2 期。

51. 巩寒冰：《概率性证据研究中的认识悖论》，载《证据科学》2016 年第 2 期。

52. 龙卫球、裴炜：《电子证据概念与审查认定规则的构建研究》，载《北京航空航天大学学报（社会科学版）》2016 年第 2 期。

53. 熊洁：《基于电子取证的分层次实验教学模式》，载《理论观察》2016 年第 2 期。

54. 左卫民：《印证证明模式反思与重塑——基于中国刑事错案的反思》，载《中国法学》2016 年第 1 期。

55. ［韩］韩尚勋：《韩国刑事诉讼法上扣押搜查的令状主义和电子证据的证据能力》，金玫译，《私法》2016 年第 1 期。

56. 伍秀春、卿勇：《垃圾电子信息的刑法规制》，载《网络信息安全》2015 年第 9 期。

57. 骆绪刚：《电子数据搜查扣押程序的立法构建》，载《政治与法律》2015 年第 6 期。

58. 周蔚：《大数据在事实认定中作用机制分析》，载《中国政法大学学报》2015 年第 6 期。

59. 王燃：《大数据时代个人信息保护视野下的电子取证》，载《山东警察学院学报》2015 年第 5 期。

60. 李丹丹：《日本个人信息保护举措及启示》，载《人民论坛》2015 年第 4 期。

61. 黄晓亮：《从虚拟回归真实：大数据时代刑法的挑战与应对》，载《中国政法大学学报》2015 年第 4 期。

62. 刘振红：《论鉴定意见质证的特殊性》，载《法学杂志》2015 年第 4 期。

63. 纵博：《我国刑事证据能力之理论归纳及思考》，载《法学家》2015 年第 3 期。

64. 张弛：《大数据思维范畴探究》，载《华中科技大学学报》2015 年第 2 期。

65. 郭永健、郑麟、郭杰：《大数据时代背景下的海量电子邮件分析》，载《警察技术》2015 年第 1 期。

66. 白建军：《大数据对法学研究的些许影响》，载《中外法学》2015 年第 1 期。

67. 何军：《大数据与侦查模式变革研究》，载《中国人民公安大学学报（社会科学版）》2015 年第 1 期。

68. 周洪波、缪锌：《模糊的刑事证明逻辑——关于〈最高人民法院关于适用中华人民共和国刑事诉讼法的解释〉的证据规则评析》，载《西南民族大学学报（人文社会科学版）》2015 年第 1 期。

69. 刘雅辉、张铁赢、靳小龙、程学旗：《大数据时代的个人隐私保护》，载《计算机研究与发展》2015 年第 1 期。

70. 刘文斌：《“电子证据”与“电子数据”考辨》，载《天津法学》2015 年第 1 期。

71. 孙晓柳：《日本“番号法”探究》，载《长春理工大学学报》2014 年第 8 期。

72. 张磊、陈贞翔、杨波：《社交网络用户的人格分析与预测》，载《计算机学报》2014 年第 8 期。

73. 周学峰：《解读美国电子监控制度的演变》，载《北京理工大学学报（社会科学版）》2014 年第 6 期。

74. 陈永生：《电子数据搜查、扣押的法律规制》，载《现代法学》2014 年第 5 期。

75. 李蕤：《大数据背景下侵财犯罪的发展演变与侦查策略探析——以北京市为样本》，载《中国人民公安大学学报（社会科学版）》2014 年第 4 期。

76. 付冬、魏战华、李四晋、张松：《浅谈物证搜索犬在现场使用和其他侦查手段的结合运用》，载《广东公安科技》2014 年第 3 期。

77. 谢勇：《论电子数据的审查和判断》，载《法律适用》2014 年第 1 期。

78. 占佳、郎俊义：《谈刑事查封制度的立法与完善》，载《公安研究》2013 年第 10 期。

79. 陶雪娇、胡晓峰、刘洋：《大数据研究综述》，载《系统仿真学报》2013 年第 8 期。

80. 王元卓、靳小龙、程学旗：《网络大数据现状与展望》，载《计算机学报》2013 年第 6 期。

81. 维克多·迈尔·舍恩伯格、肯尼斯·库克耶：《大数据时代来临》，《经济导刊》2013 年第 5 期。

82. 李富成：《刑事证据分类新探》，载《中国刑事法杂志》2013 年第 3 期。

83. 熊志海、周国平：《美国加密数据的强制性披露》，载《时代法学》2013 年第 1 期。

84. 庄乾龙：《论加密技术对电子邮件证据力的影响》，载《时代法学》2012 年第 4 期。

85. 李荣耕：《电磁数据的搜索及扣押》，载《台大法学论丛》2012 年第 3 期。

86. 陆冬英：《信息导侦理念下传统与现代侦查手段的关系——基于风险社会语境》，载《犯罪研究》2012 年第 3 期。

87. 纪格非:《“直接证据”真的存在吗?对直接证据与间接证据分类标准的再思考》,载《中外法学》2012 年第 3 期。

88. 梁欣:《不得自证其罪原则适用的几个问题——兼评刑事诉讼法修正案(草案)第 49 条》,载《法律适用》2012 年第 3 期。

89. 汪兰香、陈友飞、李民强等:《犯罪热点研究的空间分析方法》,载《福建警察学院学报》2012 年第 2 期。

90. 王利明:《隐私权概念的再界定》,载《法学家》2012 年第 1 期。

91. 霍峥、孟小峰:《轨迹隐私保护技术研究》,载《计算机学报》2011 年第 10 期。

92. 陈瑞华:《鉴定意见的审查判断问题》,载《中国司法鉴定》2011 年第 5 期。

93. 杜志淳、廖根为:《数字证据、电子证据、科学证据、电子记录概念比较分析》,载《中国司法鉴定》2011 年第 4 期。

94. [美] Edward J. Imwinkelried:《论表象时代的终结》,王进喜译,载《证据科学》2011 年第 4 期。

95. 郝宏奎、刘静坤:《美国的实践导向型证据分类法及启示》,载《证据学论坛》2010 年第 15 卷。

96. 廉霄:《从民法视角看隐私与个人信息保护的制度安排》,载《黑龙江省政法管理干部学院学报》2010 年第 8 期。

97. 张永利、赵国斌:《浅谈传统侦查手段的创新与发展》,载《森林公安》2010 年第 6 期。

98. 陈魏:《基于数据挖掘的刑事犯罪侦查系统研究》,载《山西警官高等专科学校学报》2010 年第 4 期。

99. 罗纳德·J. 艾伦:《证据的相关性和可采性》,张保生、强卉译,载《证据科学》2010 年第 3 期。

100. 郭华:《论鉴定意见争议的解决机制》,载《法学杂志》2009 年第 10 期。

101. 马秀娟:《论证据的关联性及其判断》,载《政法学刊》2009 年第 6 期。

102. 姚媛：《数字化、电子化、网络化和虚拟化名词的本质概念及应用》，载《大学图书馆学报》2009 年第 5 期。

103. 刘南男、张跃：《从“五声听狱”到脑电位检测侦查——论犯罪心理测试技术视野下侦查手段之变革》，载《江西公安专科学校学报》2009 年第 3 期。

104. 李汝川、黄伯青：《特殊侦查手段的法律构建》，载《人民检察》2009 年第 1 期。

105. 王泽鉴：《人格权的具体化及其保护范围·隐私权篇（上）》，载《比较法研究》2008 年第 6 期。

106. 吴宏耀：《反对强迫自证其罪特权原则的引入与制度构建》，载《法学》2008 年第 6 期。

107. 陈永生：《我国刑事误判问题透视——以 20 起震惊全国的刑事冤案为样本的分析》，载《中国法学》2007 年第 3 期。

108. 靳慧云：《电子数据恢复与犯罪侦查》，载《铁道警官高等专科学校学报》2007 年第 3 期。

109. 刘广三、向德超：《论电子证据的搜查、扣押》，载《北方法学》2007 年第 2 期。

110. 邓立军：《德国司法监听法治化的演进与发展》，载《广东商学院学报》2006 年第 6 期。

111. 刘荣：《论强制采样侦查手段的法制化》，载《湖北警官学院学报》2006 年第 4 期。

112. 周洪波：《证明标准视野中的证据相关性——以刑事诉讼为中心的比较分析》，载《法律科学（西北政法学院学报）》2006 年第 2 期。

113. 张智辉、邓思清：《论我国刑事强制性措施制度的改革与完善》，载《法商研究》2006 年第 1 期。

114. 钱进：《最大频繁项目集挖掘技术研究与展望》，载《微计算机应用》2005 年第 6 期。

115. 汤维建、卢正敏：《证据关联性的涵义及其判断》，载《法律适用》2005 年第 5 期。

116. 龙宗智：《证据分类制度及其改革》，载《法学研究》2005 年第 5 期。

117. 陈卫东：《论刑事证据法的基本原则》，载《中外法学》2004 年第 4 期。

118. 李秀芬：《论隐私的法律保护范围》，载《当代法学》2004 年第 4 期。

119. 龙宗智：《印证与自由心证——我国刑事诉讼证明》，载《法学研究》2004 年第 2 期。

120. 皮勇：《电子证据的搜查扣押措施研究》，载《江西公安专科学校学报》2004 年第 1 期。

121. 于志刚：《论电子邮件的刑法定位》，载《法学家》2003 年第 6 期。

122. 宋宝宏、王静：《电子数据证据在我国的证据地位和证明力》，载《西安政治学院学报》2003 年第 4 期。

123. 徐静村：《电子证据：证据学的一个新领域》，载《重庆邮电学院学报》2003 年第 1 期。

124. 伊伟鹏：《网络犯罪中的电子证据及其采信规则》，载《人民司法》2002 年第 4 期。

125. 金光、刘士荣等：《数据挖掘技术在犯罪行为分析中的应用》，载《宁波大学学报（理工版）》2002 年第 2 期。

126. 陈志敏：《电子数据证据问题探析》，载《河南公安高等专科学校学报》2001 年第 4 期。

127. 蔡曙山：《论数字化》，载《中国社会科学》2001 年第 4 期。

128. 姜翠玉：《对诱惑性侦查手段的法学思考》，载《江苏公安专科学校学报》2000 年第 4 期。

129. 樊崇义：《客观真实管见》，载《中国法学》2000 年第 1 期。

130. 上海市浦东新区检察院法纪处：《学好新法，用足、用活、用好侦查手段》，载《刑侦研究》1998 年第 6 期。

131. 申君贵：《关于诉讼证据能力之探讨》，载《政法论坛》1993 年第 6 期。

四、报纸类（按时间排序）

1. 李波、吴万相：《完善司法责任制，着力打造“智慧检务”，办案质效明显提升——“贵州答卷”让人眼前一亮》，载《检察日报》2017 年 7 月 9 日。

2. 方印、张海荣：《大数据：法学研究的重要维度》，载《中国社会科学报》2016 年 2 月 17 日。

3. 吴艺：《通过“大数据”集成系统分析确定作案高发区》，载《人民公安报》2014 年 4 月 4 日。

4. 侯莎莎：《公安工商等五部门共享执法信息》，载《北京日报》2011 年 5 月 11 日。

5. 史彤彪：《法律向垃圾邮件宣战》，载《人民法院报》2003 年 1 月 11 日。

五、外文类

1. David A. Schum，Evidence and Inference for the Intelligence Analyst，(vol. I)，by University Press of America（1987）.

2. Bentham，Rational of Judicial Evidence，（Vol. vi）Works of Jeremy Bentham，by Thoemmes Press 1995.

3. Nancy Pennington & Reid Hastie，A Cognitive Theory of Juror Decision Making：The Story Model，13Cardozo Law Review（1991）.

4. Orin S · Kerr. Searches and Seizures in a Digital World［J］. Harvard Law Review，2005.

5. Olmstead v. United States，277 U. S. 438（1928）.

6. Nardone v. United States，302 U. S. 379（1937）.

7. Berger v. New York，388 U. S. 41（1967）；Katz v. United States，389 U. S. 347（1967）.

8. Omnibus Crime Control and Safe Streets Act of 1968，Pub. L. 90-351.

9. Electronic Communications Privacy Act of 1986，Pub. L. No. 99-508.

10. Orin S K. Internet surveillance law after the USA PATRIOT act: the big brother that isn't. Northwestern University Law Review, 2003 (97).

11. section 1 (7) of Regulation of Investigation powers Act 2000.

12. William J. Chisum, Brent E. Tutvey. Crime Reconstruction, Academic Press, 2007.

13. Bryan A. Garner (ed.), Blacks Law Dictionary, 9th ed. Minnesota: West, a Thomson Business, 2009.

14. Trulock v. Freeh, 275 F. 3d 391 (4th Cir. 2000).

15. United States v. Runyan, 275 F. 3d 499, 464-65 (5th Cir. 2001).

16. People v. Emerson, 766 N. Y. S. 2d 482, 488 (N. Y. Sup. Ct. 2003).

17. Phillip R. Reitinger: Compelled Production of Plaintext and Keys, 1996 U. Chi. Legal F. 171, PP. 195-197.

18. United States V. Comprehensive Drug Testing, Inc., 621 F. 3d 1162 (9th Cir. 2010).

19. United States V. Kernell, No. 308-CR-142, 2010 WL 1491873, at * 8 (E. D. Tenn. Mar. 31, 2010).

20. C127 United States Kirschner. No. 09-MC-50872 2010 WL 1257355 at * I (E. D. Mich. Mar. 30, 2010).

21. In re Boucher, No, 2: 06 - mj - 91, 2009 WL 424718, at * (D. Vt. Feb. 19, 2009). Katz v. United States, 389, U. S. 347, 361 (1967).

22. United States v. Miller, 425, U. S. 435, 443 (1976).

23. United States v. Scott, 95 F. 2d 927 (lst Cir. 1992).

24. John E. D. Larkin: COMPELLED PRODCTION OF ENCRYPTED DATA [M], Vand. J. Ent. & Tech. L. 253 (2012).

25. Robert H. Sties, Jr: Revisiting the Missing Witness lnference-Quieting the Loud Voice from the Empty Chair, 44 Md. L. Rev. 137, PP. 175-76 (1985).

26. Naisbitt J. Megatrends: Ten new directions transforming our lives. New York: Warner Books, 1982.

27. Wicker S B. The loss of location privacy in the cellular age. Communica-

tions of the ACM, 2012, 55 (8): 60-68. [doi: 10. 1145/2240236. 2240255].

28. Ferguson, Andre Gugthrie, "Predictive Policing and Reasonable Suspicion", Emory Law Journal, 2 (2012).

29. Commonweaith v. Copenhefer, 587 A. 2d 1353 (pa. 1991).

30. ORIN S. KERR. The Fourth Amendment in Cyberspace: Can Encryption Create a Reasonable Expectation of Privacy, Connecticut Law Rew, Vo1. 33: 503, 2001, 513, 517, 520, 523, 523.

31. Commonwealth v. Safa, 95 A. 3d 304, 308, 309 (Pa. Super. Ct. 2014).

32. Andrea Roth, Machine testimony, 126 Yale L. J. 1972 (2017).

33. Christopher Slobogin, "Government Data Mining and the Fourth Amendment", The University of Chicago Law Review, vol. 75, no. 1. 2008, pp. 322-323.

34. Kenneth S. Broun, McCormick on evidence, Seventh Edition, West Academic, 2013.

35. Kristin M. Tolle, D. Stewart W Tansley, Anthony J. G. Hey. "The fourth Paradigm: Data - Intensive Scientific Discovery", Proceedings of the IEEE. Vol. 99, No. 8 (2011), pp. 1334-1337.

36. Frank Pasquale, The Black Box Society: The Secret Algorithms That Control Money and Information (2015).

37. Criminal Law-Sentencing Use of Algorithmic Risk Assessments in Sentencing-Wisconsin Supreme Court Requires Warning Before 121 HARV. LREV 1530 (2017).

六、网站类（以查阅时间为序）

1.《新三板公司数据堂涉嫌贩卖上亿条公民信息被查》, http: //baijiahao. baidu. com/s? id=1605485876563321073&wfr=spider&for=pc. [2019-10-12].

2.《不会大数据，也能读懂关联分析》, https: //www. jianshu. com/p/0f72ce6ff4e9. [2019-10-12].

3.《垃圾信息王》, https: //tech. huanqiu. com/article/9CaKrnJVY6M.

[2019-10-11].

4.《全球每日垃圾电子邮件 8 月到 12 月数量骤降 75%》，https：//tech. qq. com/a/20110107/000008. htm. [2019-10-11].

5. https：//baike. baidu. com/item/% E5% 8C% BA% E5% 9D% 97% E9% 93%BE/13465666? fr=aladdin. [2019-10-11].

6. 中国证监会：《证监会通报针对内幕交易的执法工作情况》，http：//www. csrc. gov. cn/pub/newsite/zjhxwfb/xwdd/201501/t20150109 _ 266364. html. [2019-10-10].

7.《饮料瓶上的指纹》，http：//tv. cntv. cn/video/C10328/6fb67b32f8e146f09f3ce8640b6ddcbe. [2019-10-1].

8. 谢登科：《电子数据证据使用的五大法律问题》，http：//www. sohu. com/a/236281575_753969. [2019-09-11].

9. 李慧：《大数据成为证据的新标准》，https：//www. chinacourt. org/article/detail/2016/12/id/2365614. shtml. [2019-9-10].

10. 百度百科：https：//baike. baidu. com/item/% E6% 95% B0% E6% 8D%AE% E6% 8C% 96% E6% 8E% 98% E6% 8A% 80% E6% 9C% AF/910318. [2019-9-10].

11. 周加海、喻海松：《最高法院起草人权威解读〈提取审查电子数据规定〉》，http：//www. scxsls. com/fagui/135701. html. [2018-4-6] / [2019-6-27].

12.《快播涉黄案公开庭审全程文字实录》，https：//tech. qq. com/a/20160108/062986. htm. [2019-3-9].

13. 百度百科，https：//baike. baidu. com/item/% E7% 99% BD% E9% 93%B6%E5%B8%82%E8%BF%9E%E7%8E%AF%E6%9D%80%E4%BA%BA%E6%A1%88/6418102? fr=aladdin. [2018-10-1].

14.《大数据》，http：//baike. baidu. com/subview/6954399/13647476. htm? fr=aladdin. [2018-01-21].

15. ACPO Good Practice Guide for Digital Evidence，(March 2012). http：//www. acpo. police. uk/documents/crime/2011/201110 - cha - digital - evidence -

v5. pdf. [2018-2-10].

16. 《电子技术》, https://baike. baidu. com/item/%E7%94%B5%E5%AD%90%E6%8A%80%E6%9C%AF/2470? fr=aladdin. [2017-12-11].

17. FBI Forensic Science Communications Report on Digital Evidence: Standards and Principles, http://www. fbi. gov/hq/lab/fsc/backissu/april2000/swgde. htm#Definitions. [2017-10-12].

18. 《大数据》, http://zh. wikipedia. org/wiki/大数据. [2017-07-10].

19. See (e) of Section 6 of Chapter of PARTΠ of The Electronic Commerce Act of 2000 Republic of the Philippines, http://www. chanrobles. com/republicactno8792. htm. [2017-6-10].

20. CHAPTER I INTERPRETATION, OBJECTS AND APP LICATION Definitions of ELECTRONIC COMMUNICATIONS AND TRANS ACTI0NS ACT 2002http//www. polity. org. za/html/govdocs/legislation/2002/act25. html? re-bookmark=1. [2017-05-07].

21. Convention on Cybercrime, http//conventions. coe. int/Treaty/en/Treaties/Html/185. htm. [2016-9-23].

七、硕博论文类

李春野:《我国垃圾信息的法律规制》,吉林大学 2010 年硕士学位论文。